LEKTÜRESCHLÜSSEL
FÜR SCHÜLERINNEN UND SCHÜLER

Arthur Schnitzler
Traumnovelle

Von Winfried Freund und
Walburga Freund-Spork

Philipp Reclam jun. Stuttgart

Dieser Lektüreschlüssel bezieht sich auf folgende Textausgabe:
Arthur Schnitzler: *Traumnovelle*. Stuttgart: Reclam, 2006 [u. ö.].
(Universal-Bibliothek. 18455.)

RECLAMS UNIVERSAL-BIBLIOTHEK Nr. 15417
Alle Rechte vorbehalten
© 2010 Philipp Reclam jun. GmbH & Co. KG, Stuttgart
Gesamtherstellung: Reclam, Ditzingen
Printed in Germany 2010
RECLAM, UNIVERSAL-BIBLIOTHEK und
RECLAMS UNIVERSAL-BIBLIOTHEK sind eingetragene Marken
der Philipp Reclam jun. GmbH & Co. KG, Stuttgart
ISBN 978-3-15-015417-5

www.reclam.de

Inhalt

1. Erstinformation zum Werk **5**
2. Inhalt **6**
3. Personen **11**
4. Werkaufbau, Gattung, Sprache **17**
5. Wort- und Sacherläuterungen **30**
6. Interpretation **32**
7. Autor und Zeit **43**
8. Rezeption **55**
9. Checkliste **59**
10. Lektüretipps **62**

Anmerkungen **64**

1. Erstinformation zum Werk

Arthur Schnitzlers *Traumnovelle* (1926) ist mit dem Leben des Dichters eng verbunden. Erste Erwähnungen des Stoffes reichen bis zur Jahrhundertwende zurück. Die Ausarbeitung aber erfolgte erst 1921, im Jahr der Scheidung von Olga Gußmann. Die *Traumnovelle* setzt sich mit der Problematik der bürgerlichen Ehe, mit ihren Gefährdungen und ihren Glücksperspektiven auseinander. Konfrontiert mit dem Scheitern seiner Ehe, fragt sich der Novellenautor Schnitzler nach ihrem Sinn im bürgerlichen Alltag.

Hintergrund des Stoffes

Vor allem Sigmund Freuds zeitgenössische Psychoanalyse mit ihrer Reflexion des menschlichen Trieblebens warf neue Fragen auf und stellte die Institution der Ehe auf den Prüfstand. Angesichts der anarchischen Energien der Sexualität drängten sich die Notwendigkeiten ordnender Kräfte auf.

Ehe auf dem Prüfstand

Die Novelle diskutiert die Chance der Ehe, der Chaos stiftenden, sich verselbständigenden Triebdynamik entgegenzuwirken. Nicht die Triebbefriedigung an sich ist das eigentliche Ziel, sondern die in die erfüllte Gemeinschaft von Mann und Frau eingebundene Lust.

Schnitzlers unter dem Arbeitstitel *Doppelnovelle* begonnenes Werk ist ein Plädoyer für die Ehe, das die auseinanderlaufenden Wege der Eheleute Fridolin und Albertine wieder zusammenführt. Literatur gewinnt Gestalt als korrigierender Lebensentwurf.

2. Inhalt

I. Fridolin, Arzt in Wien, und Albertine leben seit Jahren in einer gesicherten Ehe, die nach einer erfüllten Nacht im Anschluss an einen Maskenball dadurch getrübt wird, dass sie einander Geständnisse über geheime Wünsche während eines Dänemarkurlaubs entlocken. Damals hatte ein junger dänischer Offizier Albertine so in den Bann geschlagen, dass sie Mann und Kind verlassen und sich ihm hingegeben hätte, wäre er nicht durch ein Telegramm abberufen worden. Das Geständnis seiner Frau führt Fridolin dazu, ihr seinerseits von einer Begegnung im selben Urlaub mit einem sehr jungen Mädchen am Strand zu erzählen, dessen verlockender Schönheit auch er gern erlegen wäre. Durch die Abberufung Fridolins zu einem seit Jahren erkrankten Patienten werden die Geständnisse unterbrochen.

Die Ausgangssituation

II. Bei seiner Ankunft im Haus des Patienten aber ist dessen Tod bereits eingetreten. Bevor er nach allen Formalitäten das Haus wieder verlässt, macht ihm die Tochter Marianne am Totenbett des Vaters eine Liebeserklärung, die er jedoch zurückweist.

III. Unmittelbar darauf begegnet er auf der Straße einer jungen Prostituierten, die ihn einlädt, mitzukommen. Er folgt ihr zwar in ihr Zimmer, doch obwohl er sich dort wohlfühlt, nimmt er ihr Liebesangebot nicht an, verspricht aber, wiederzukommen.

Fridolins Weg in die Verstrickung

IV. Da die hinter ihm liegenden Erlebnisse ihn an einer Rückkehr nach Hause hindern, tritt er in ein abseits gelegenes Kaffeehaus ein, wo er von Nachtigall, einem heruntergekommenen ehemaligen Kommilitonen aus der Medizin, der inzwischen sein Geld als Klavierspieler verdient, angesprochen und in ein Gespräch verwickelt wird, das ihn zunehmend fesselt.

Begegnung mit Nachtigall

Nachtigall erzählt ihm von einer mysteriösen Gesellschaft, in der er, wie schon früher einmal, in dieser Nacht mit verbundenen Augen zum Tanz aufspielen wird. Ein Kutscher wird ihn abholen und zu der unbekannten Adresse fahren. Aber nur, wer das Losungswort kennt und im Mönchskostüm mit Maske erscheint, wird eingelassen.

Fridolin bittet Nachtigall, ihn dorthin mitzunehmen. Er will sich beim Maskenverleiher eine Verkleidung besorgen, und Nachtigall soll unter einem Vorwand den Kutscher so lange hinhalten, bis Fridolin die Parole des Abends von ihm erfahren hat und er ihm in einem Mietwagen folgen kann.

Trotz vorgerückter Stunde gelingt es ihm, bei einem Maskenverleiher die Mönchskutte und eine schwarze Larve auszuleihen. Doch begegnet er in der Garderobe der kindlichen Tochter des Maskenverleihers im Pierrettenkostüm, die sich dort anscheinend mit zwei als Femrichter verkleideten jungen Männern vergnügt.

Beim Maskenverleiher

Der erboste Vater droht den beiden jungen Männern mit der Polizei, während das vom Vater beschimpfte Mädchen sich zunächst in Fridolins Arme flüchtet. Einen Augenblick lang ist Fridolin geneigt, das Mädchen zu beschützen, entschließt sich dann aber doch, Nachtigall zu folgen.

Nachdem er das Losungswort »Dänemark« von diesem erfahren hat, folgt er dessen Kutsche und gerät in die

> Die geheime Gesellschaft

geheime Gesellschaft in einem Haus in der Vorstadt. Er wird eingelassen und Zeuge einer Tanzorgie, die zunächst bei Kirchenmusik von Männern in schwarzen Kutten und Frauen in Nonnenkleidern, die alle schwarze Masken tragen, vorgeführt wird; als die Melodie aber in freche Musik umschlägt, geben sich die Männer in bunten Kavalierskostümen und die Frauen verschleiert, aber nackt wilden Tänzen hin.

Eine schöne Frau, mit der er leidenschaftliche Bekanntschaft schließt, warnt ihn: Jeder Fremde müsse seine Anwesenheit mit dem Tod bezahlen. Sie bittet ihn, sofort die Gesellschaft zu verlassen. Doch Fridolin weigert sich. Er will die Frau, die er leidenschaftlich begehrt, nicht zurücklassen.

> Fridolin wird entlarvt

Er wird entlarvt, und nur die Tatsache, dass die Frau bereit ist, sich für ihn zu opfern und ihn auszulösen, rettet ihn. Während er das Haus verlassen muss, kann er noch einen kurzen flüchtigen Blick auf ihre Erscheinung erhaschen. Im Licht des Tanzsaals steht sie nackt, sie löst den Schleier, und lange dunkle Haare stürzen über ihre Schultern, Brust und Lenden. Draußen greift ihn der Kutscher des Hauses auf und setzt ihn auf freiem Feld vor der Stadt ab.

> Rückkehr nach Hause

V. Mit einer gemieteten Kutsche kehrt er schließlich um vier Uhr morgens nach Hause zurück, entschlossen, die zurückgelassene Frau am nächsten Tag wiederzufinden.

> Albertines Traum

Zu Hause weckt er seine Frau aus einem erregten Traum auf. Auf sein Drängen hin erzählt sie, zunächst von einer Vereinigung mit Fridolin geträumt zu haben. Doch als er sie allein zurücklassen musste, um für die plötzlich verschwundenen

Kleider Ersatz zu beschaffen, sei sie jenem Dänen aus dem Urlaub auf eine Blumenwiese gefolgt, auf der sich viele Paare befanden, und habe sich ihm dort lustvoll hingegeben. Der Kreuzigung Fridolins bei seiner Rückkehr, zu der er von der Fürstin des Landes (in Gestalt der jungen Frau vom dänischen Strand) verurteilt worden war, weil er sich ihr aus Treue zu Albertine verweigert hatte, habe sie ungerührt, mitleidlos und lachend zugeschaut.

Fridolin, zu erschöpft, um nach seinen Erlebnissen der Nacht auf den Traum zu reagieren, entschließt sich, an der Seite Albertines ein paar Stunden zu schlafen. Am Morgen will er den nächtlichen Stationen noch einmal nachgehen, um über seine Gefühle Klarheit zu gewinnen.

VI. Mit der Mönchskutte in der Arzttasche verlässt er morgens das Haus. Nach einem Krankenbesuch fährt er zum Café, wo er Nachtigall getroffen hatte. Dort erfährt er dessen Wohnadresse, wo er ihn nicht antrifft, aber erfährt, dass dieser von zwei Herren, nachdem sie dessen Mietschuld beglichen, in der Frühe zum Nordbahnhof gefahren worden sei.

> Fridolins Nachforschungen

Der nächste Weg führt ihn zum Kostümverleiher, dem er die Mönchskutte zurückgibt. Während er sich nach dem Befinden von dessen Tochter erkundigt, tritt einer der jungen Männer, in dem er unschwer einen der Femrichter erkennt, nach einer offensichtlich erfüllten Liebesnacht, aus deren Zimmer.

Im Krankenhaus regelt er seine Vertretung und sucht dann das Haus der geheimen Gesellschaft auf. Dort erhält er einen an ihn adressierten Brief, in dem ihm die Nutzlosigkeit seiner Nachforschungen bedeutet wird.

Abends erfährt er in der Wohnung der Prostituierten, für

die er einige Leckereien gekauft hat, dass Fräulein Mizzi sich für einige Wochen auf eine Krankenstation begeben hat.

Durch einen Zeitungsbericht wird er auf den Selbstmord einer Baronin D. in einem vornehmen Hotel aufmerksam. Von dem Gedanken erfasst, es könnte sich um die schöne Frau aus der geheimen Gesellschaft handeln, nimmt er ihre Spur auf und erfährt im Hotel Erzherzog Karl, dass die Baronin um vier Uhr früh ins Hotel zurückgekommen sei. Als sie sich gegen elf auf Anfrage zweier Herren nicht gemeldet habe, sei ihr Selbstmordversuch entdeckt worden. Jede Hilfe sei jedoch zu spät gekommen.

> Das Schicksal der »Baronin D.«

Fridolin, der die Identität der Toten, deren Name sich als falsch herausgestellt hat, mit der Dame aus der Abendgesellschaft prüfen will, begibt sich ins Leichenhaus der Pathologie, wo ihm der Kollege, ein früherer Kommilitone, die einzige in Frage kommende Frauenleiche zu sehen ermöglicht. Doch seine Erinnerungen stellen sich als zu flüchtig heraus, um Sicherheit über die Identität gewinnen zu können.

VII. Endlich kehrt er nach Hause zurück. Beim Anblick der schlafenden Albertine durchflutet ihn ein Gefühl von Zärtlichkeit und Geborgenheit. Auf seinem Kissen findet er die Maske, von Albertine offenbar entdeckt und dort zum Zeichen ihrer Ahnungen um seine nächtlichen Eskapaden abgelegt.

> Heimkehr zu Albertine

Nun ist er bereit, alles zu erzählen, und am Ende der Geständnisse sind beide sicher, noch einmal davongekommen zu sein. Endlich dringt das Morgenlicht durch den Vorhang, und das helle Kinderlachen von nebenan läutet den neuen Tag ein.

3. Personen

Handlungsträger in Schnitzlers *Traumnovelle* sind die Eheleute **Fridolin** und **Albertine**. Beide durchlaufen eine persönliche Entwicklung, so dass sie am Ende ein deutlich gereifteres Profil zeigen. Sie sind die eigentlichen Protagonisten im Erzählprozess, die Subjekte wie die Objekte der Handlung, die unmittelbar auf ihr Umfeld reagieren und zugleich in diesem abbildbar werden. Schnitzlers ursprünglich gewählter Arbeitstitel »Doppelnovelle« trägt vor allem der zweigeteilten personalen Konstellation Rechnung, die sich ausprägt in dem durch das nächtliche Wien irrenden Fridolin und der träumenden Albertine, während in der Einleitung und im Finale die Gemeinschaft der beiden Handlungsträger im Vordergrund steht.

> Personale Konstellation

Fridolin und Albertine geraten in einen psychischen Konflikt, der sie mit verdrängten Bewusstseinsschichten konfrontiert und sie herausfordert, diese zu bewältigen. Beide rufen verdrängte erotische Erinnerungen herauf und lösen damit eine Krise ihrer Gemeinschaft aus. Ihre Überwindung bedarf der uneingeschränkten Bewusstwerdung des Verdrängten. Psychoanalytisch gesehen sind sie beides, Patient und Therapeut in einer Person, verbunden durch die Bereitschaft zum aufklärenden Dialog. Indem sich beide vorbehaltlos öffnen, ermöglichen sie Einblicke in bisher verschwiegene innere Konflikte, deren Lösung nur im partnerschaftlichen Engagement herbeigeführt werden kann.

> Konfrontation mit verdrängten Bewusstseinsschichten

Entscheidend aber ist, dass das psychische Irritationen auslösende Material in seinem ganzen Umfang an den Tag tritt.

Odyssee und Traum, abenteuerliche Irrfahrten und Wunscherfüllungsphantasien eröffnen Wege zum Verdrängten und Unterdrückten. Im Abenteuer und im Traum begegnen Fridolin und Albertine Möglichkeiten ihrer Existenz, die erkannt werden müssen, um sie am Maßstab ihrer ehelichen Gemeinschaft messen zu können. Unerkannt bilden sie eine notorische Quelle gemeinschaftsbedrohender Gefährdung. Indem sie lernen, sich zu beschränken, nur die Möglichkeiten zuzulassen, die ihrem Eheleben förderlich sind, reifen sie menschlich. Persönlicher Entwicklungs- und Reifeprozess sind in diesem Fall identisch.

Wege zum Verdrängten und Unterdrückten

Zwischen der Trennung am Anfang und der Wiederzusammenführung am Ende liegt eine Phase der Isolation, die in der abschließenden Integration wirkungsvoll überwunden ist. Nicht der Einzelne gibt den Ton an, das sich selbst bestimmende Subjekt, sondern die Lebensgemeinschaft, in der beide aufgehoben sind und deren soziale Qualität den persönlichen Wert des Einzelnen entscheidend mitbestimmt.

Neben den beiden Hauptpersonen tritt eine Fülle von **Neben-** oder **Randpersonen** auf. Sie verkörpern in unterschiedlichen Akzentuierungen den zentralen Triebkonflikt der Handelnden, verweisen auf ihn und machen ihn anschaulich. Ihre ausschließliche Aufgabe besteht darin, die triebhafte Gefährdung, das erotische Verstricktsein der Protagonisten zu verkörpern. Sie verschmelzen

Funktion der Neben- und Randpersonen

3. PERSONEN

mit dem, wofür sie stehen, und gewinnen kaum ein Eigenleben. Eine persönliche Entwicklung findet nicht statt.

Während der attraktive junge Däne und das verlockende Mädchen am dänischen Strand nur in den Erinnerungen der Hauptpersonen, also zeitlich gebrochen, auftreten, gewinnen die Nebenpersonen in Fridolins Odyssee und in Albertines Traum an bedrängender Präsenz. Im Finale dagegen treten sie wieder ganz zurück. Ihre ungebrochene Gegenwart verweist auf ein erhöhtes triebhaftes Verstricktsein der Hauptpersonen, während ihre Abwesenheit am Ende die Überwindung dieses Verstricktseins signalisiert.

Marianne, die Tochter des verstorbenen Hofrats, versichert Fridolin seiner erotischen Attraktivität, schmeichelt dem Mittdreißiger mit seiner wirksamen Anziehungskraft und entbindet und verstärkt damit sein erotisches Verlangen. Als Verführerin aber ist sie selbst allzu reizlos.

Eine Erfüllung scheint sich in der Szene mit der **Prostituierten** anzubahnen. Die käufliche Liebe aber widerspricht dem Ethos des Liebhabers, der die Liebesdienerin regelrecht für sich erobern möchte, dafür aber den falschen Ort gewählt hat. Wie schon in der Szene mit Marianne in bedrückender Gegenwart des verstorbenen Vaters treten auch hier der Verfall und die Gefährdung im Bereich des Sexuellen hervor. Deutlich verweist das totenblasse Gesicht der Prostituierten auf ihre syphilitische Erkrankung. Lust und Leid liegen nahe beieinander.

Mit diffusem Verlangen begegnet Fridolin der **Pierrette**, der noch mädchenhaften Tochter des Maskenverleihers. Erotik ist für sie noch nicht viel mehr als banaler Sex, als sinnlich pubertäre Überreizung, der das Mädchen später mit einem der Femrichter erliegt. Käufliche Liebe und bloße Sexualität sind Spielarten der Erotik, die die Wahllosigkeit und Anonymität einer entfesselten Triebdynamik widerspiegeln, die den vertieften persönlichen Anspruch zusehends usurpiert.

▎Verräterisch ist im Zusammenhang mit der Pierrette das Hervortreten des Maskenmotivs. Der Maskenverleiher steht mit seinen Kostümen und Larven für den drohenden Verlust von personaler Identität unter dem Druck enthemmter Triebwünsche. In wachsendem Maß lassen die nächtlichen Begegnungen Fridolins Verhalten fragwürdig und abwegig erscheinen. Aber die in den einzelnen Verkörperungen anschaubaren Warnungen vor einem weitgehend entpersönlichten Triebverhalten erreichen Fridolin zu diesem Zeitpunkt noch nicht. Zu beherrschend ist seine innere Verwirrung, Folge einer triebbedingten Trübung seines Bewusstseins.

Maskenmotiv

In der geheimbündlerischen Gesellschaft in der Wiener Vorstadt erreicht seine erotische Obsession ihren Höhepunkt. Wie in allen Geheimbünden geht es auch hier um das Streben nach persönlichem Heil und Glück, das im Rahmen der bürgerlichen Gesellschaft nicht erreichbar ist. Erotik wird zum ideologischen Programm, zu einer Heilslehre, die den Eingeweihten ein erfülltes Leben verspricht. Hinter der Maske wird das Individuum unkenntlich, das sich im Tanz in einen Rauschzustand hineinsteigert. Die Nacktheit der Frauen und die bunt gekleideten geckenhaften Kavaliere schaffen eine betont antibürgerliche Atmosphäre, einen Zustand betäubender entfesselter Sinnlichkeit. Ausgelöst durch Fridolins nicht geduldete Gegenwart kommt es zu einem fol-

Höhepunkt der erotischen Obsession

Erotik als ideologisches Programm der Antibürgerlichkeit

genschweren Opfer. Die **unbekannte Frau**, für die Fridolin in heftiger Begierde entbrannt ist und der auch er nicht gleichgültig zu sein scheint, löst ihn auf dem Höhepunkt der Spannung aus, indem sie sich allen Kavalieren hingibt.

Die erotische Heilslehre schließt persönliche Erfüllung offenbar aus, am Ende stehen Opfer und Tod des Individuums. Das Verlangen nach sinnlich sexueller Ausschweifung ruft in der Form von Aggression und Destruktion den Todestrieb wach. Der Sexualtrieb enthüllt seine zerstörerischen Energien.

> Destruktive Energien des Sexualtriebs

Gerade hier, in der Konfrontation mit der Bedrohung des Ichs, setzt Fridolins innerer Wandel ein. Die geheime Gesellschaft mit ihrer panerotischen Heilslehre wird für Fridolin insofern heilsam, als er aus kollektiver Vereinnahmung in dialektischer Gegenbewegung zum Individuellen zurückfindet.

In Albertines Traum begegnet in Gestalt des attraktiven **jungen Dänen** aus dem vergangenen Urlaub im Grunde nur eine bedeutsame Nebenfigur. Er wird im Traum zum Liebhaber der jungen Frau, die kurz vor ihrer Eheschließung steht, verbunden nach bürgerlicher Moral mit dem Verzicht auf weitere erotische Begegnungen mit anderen. Im Traum erlebt sie eine ungehemmte erotische Erfüllung, die sich fortsetzt in zahlreichen Paaren vor der Kulisse einer üppig aufgeputzten Natur. Die bürgerliche Ehe und das alle Schranken überwindende, orgiastische Traumerlebnis, monogame Beschränkung und polygame Ausschweifung sind unvereinbar. Mitleidlos lässt Albertine im Traum Fridolin als Vertreter bürgerlicher Konvention ans Kreuz schlagen.

> Figuren in Albertines Traum

Eine besondere Rolle spielt in Albertines Traum die junge Fürstin, ein Ebenbild des **dänischen Mädchens**, das im selben Urlaub Fridolin am Strand begegnet war und ihn bezaubert hatte. Als junge Fürstin ist sie bereit, Fridolin zu begnadigen, wenn er sie zur Frau nimmt. Erpressung aber kann es in einer wahren Liebesbeziehung nicht geben. Fridolin, so träumt Albertine, lehnt entschieden ab. Maßstab ist auch hier bereits die Moral der bürgerlichen Ehe.

Geläutert gehen beide aus den geträumten und wirklichen Abenteuern hervor, mit der Einsicht in die Notwendigkeit der persönlichen Beschneidung. Ausdrücklich versichert Albertine, dem Schicksal dankbar zu sein, weil man heil davongekommen sei.

4. Werkaufbau, Gattung, Sprache

Schnitzlers *Traumnovelle* beschreibt auf den ersten Blick eine Kreisbewegung, die sich jedoch bei genauerer Prüfung als Spirale erweist. Zwar kehrt der Schluss zur Familienidylle des Anfangs zurück, aber die Idylle selbst hat eine neue Qualität gewonnen. Während der Zustand der Harmonie in der Eingangsszene noch überwiegend unbekümmert und unreflektiert erscheint, ist in der Schlussszene nach dem Durchgang durch intensive persönliche Gefährdungen ein höherer Grad an Reflexion erreicht. Harmonie ist nicht naturgegeben, sondern das Ergebnis geistig-seelischer Anstrengung. Erst das Risikobewusstsein schafft ein tragfähiges Fundament für die Gemeinschaft.

Spiralförmiger Aufbau

Eingefügt in die Spiralbewegung sind die wirklichen und die geträumten Erlebnisse der beiden Protagonisten. Zwischen Abend und folgendem Morgen zeichnet sich eine deutliche persönliche Entwicklung ab. Dem Abend als Beginn der Irritationen und der Verstrickung und der Nacht als deren Tiefpunkt steht der Morgen als Überwindung der Verstrickung gegenüber. Dunkel und hell, Verwirrung und Aufklärung, das nächtlich Unbewusste und das helle Tagesbewusstsein bilden eine dialektische Spannung aus.

Die einmal geschürte Erregung zieht Fridolin in eine Abenteuergeschichte hinein, die in szenischer Entfaltung die erotische Spannung steigert. Ziel der einzelnen Erlebnisse und Situationen ist die sexuelle Erfüllung. Ihre fortgesetzte

Triebgesteuertes Abenteuer

18 4. WERKAUFBAU

Verweigerung indes erhöht die Spannung von Szene zu Szene, bis sie am Ende in sich zusammenbricht. Fridolin, der abenteuernde Held, scheitert, solange er die Erfüllung außerhalb seiner bürgerlichen Existenz sucht. Das von einer sich verselbständigenden Triebdynamik angetriebene Abenteuer und sein triebgesteuerter Held kommen nicht ans Ziel, die Erwartung wird enttäuscht.

Anders verläuft die Traumerzählung Albertines. Unter Verzicht auf episodische Reihung steht hier die sexuelle Erfüllung im Zentrum. Nur der Traum kommt ans Ziel, das wirklich erlebte Abenteuer ist zum Scheitern verurteilt. Aus der Wirklichkeit ist der Traum ebenso ausgeschlossen wie die Wirklichkeit aus dem Traum. Beide, Abenteuergeschichte und Traumerzählung, münden in den realistischen, von den Protagonisten zu gestaltenden ›Eheroman‹. Nur in ihm ist bei einem hohen Maß an Triebreflexion und Wunschbeschränkung ein erfülltes Leben für beide möglich. Im Licht des Tages rücken die geträumten wie die wirklichen Erlebnisse der Nacht auf Distanz, verlieren ihren erregenden und verwirrenden Einfluss auf den Einzelnen. In dem Maße, wie die nächtlichen Heimsuchungen, die jeder für sich erlebt, unwirklich werden, tritt die Wirklichkeit des Ehealltags als Herausforderung für beide wieder beherrschend hervor.

Trieberfüllter Traum Albertines

Ehealltag als Herausforderung in der Wirklichkeit

Ein orientalisierendes Märchen leitet die Novelle ein. Vorgetragen von der Tochter, bricht es jedoch schon bald ab. Der kleinen Vorleserin fallen die Augen zu. Unmittelbar an diese Szene schließt sich das abendliche Konfliktgespräch der Eheleute an. Im abgebrochenen Märchen spiegelt sich die

Funktion des Märcheneingangs

noch unvollendete Harmonie der ehelichen Gemeinschaft. Noch gilt es, sich unbewältigten Problemen zu stellen, die beunruhigend aus der Erinnerung aufsteigen. Das Märchen geht geradewegs in die Novelle als Protokoll innerer Prozesse über. An die Stelle wunderbarer Erfüllung tritt die Wirklichkeit der Krise.

> Die Novelle gewinnt auch hier Gestalt als eine sich ereignete unerhörte Begebenheit, wie es Goethe im Anschluss an Cervantes (»un caso portentoso y jamás vista«) formulierte. Vorrangig bei Schnitzler ist aber nicht der äußere, aktionsbestimmte, sondern der innere, im Bewusstsein des Einzelnen ablaufende Prozess. Die Aktion ist gleichsam zurückgenommen in das Fühlen und Reflektieren des Protagonisten. Die Dominanz psychischer Prozesse lässt eine mehr introvertierte Gattungsvariante entstehen. Die unerhörte Begebenheit gibt sich als Erinnerung, Wunsch bzw. Traum zu erkennen, entspringt der Vorstellung des Einzelnen, hat dort ihre eigentliche Ursache. Es entsteht, was man mit einigem Recht eine psychoanalytische Novelle nennen könnte. Wie in der Novelle überhaupt gerät das Individuum in den Strudel von Prozessen, die es bestimmen und zu überwältigen drohen. Neu sind dabei die aus dem Unbewussten aufsteigenden Obsessionen, die Triebwünsche, die die geltende Moralzensur durchbrechen.

Introvertierte Variante der Novelle

Fridolins Abenteuer während seiner nächtlichen Odyssee gewinnen ihre Spannung ausschließlich aus der Bedeutung, die der Erlebende ihnen aus seinen Wunschvorstellungen heraus beimisst. Ohne Eigenwert sind sie unmittelbare Ausflüsse seiner psychischen Verfasstheit. Der

Wunschvorstellungen als Ausflüsse psychischer Verfasstheit

Einzelne wird zum Opfer kaum noch zu kontrollierender Bewusstseinsprozesse, die seine Wirklichkeitswahrnehmung steuern und subjektiv unterlaufen. Fließend werden auf diese Weise die Grenzen zwischen dem Ich-Bewusstsein und dem Unterbewussten. Auch hier konturiert die Novelle den Menschen nicht als Bestimmenden, sondern als Bestimmten.

> Ähnlich ergeht es Albertine. Im Traum überwältigen sie im Tagesbewusstsein nicht zugelassene geheime Wünsche. Angetrieben von ihren erotischen Sehnsüchten, nackt in üppig blühender Natur, ist sie reines Triebwesen, bestimmt von ihren sexuellen Antrieben. Mehr Opfer als Täterin, ist sie wie Fridolin eine typisch novellistische Figur.

Während die unerhörte Begebenheit jeweils das Zentrum der Abenteuergeschichte bzw. der Traumerzählung bildet, markieren die Wendepunkte die Auswege aus den psychischen Obsessionen. Fridolin erlebt auf dem Tiefpunkt seines Verstricktseins in der geheimen Gesellschaft angesichts der sich opfernden Frau einen heilsamen Schock. Sein Weg, der ihn immer tiefer in ein persönliches Desaster geführt hatte, wendet sich allmählich wieder aufwärts. Im Tageslicht verblasst der erdrückende Einfluss der nächtlichen Heimsuchungen. Das Ich-Bewusstsein kehrt zurück und mit ihm die Fähigkeit zur Reflexion, zur bewussten Kontrolle.

| Wendepunkte der inneren Entwicklung |

Albertine erlebt den Wendepunkt beim Übergang vom Schlaf zum Erwachen. Aus der Sicht des Heimgekehrten wie der Erwachten lösen sich die Schatten der Nacht auf. Im Finale schließt sich der Rahmen. Auch dieser ein markantes

| Rahmenkonstruktion |

novellistisches Strukturmerkmal, der die durch die unerhörte Begebenheit in Unordnung geratene Welt wieder zurückführt in die Ordnung. Die Schließung des Rahmens lässt die anarchischen Tendenzen der Triebverfallenheit hinter sich und lenkt zurück zur bewusst kontrollierten Ehe- und Familienwirklichkeit. Ein Anknüpfen an das Märchenmotiv des Anfangs findet jedoch nicht statt. Nur Albertine integriert es noch einmal in ihren Traum, wenn sie Fridolin als morgenländischen Prinzen erlebt, der mit ihr unter blauem Sternenhimmel eine Liebesnacht verbringt. Das Märchen, offenbar Ausdruck einer naiven Erfüllungsutopie, wird dem gereiften Zustand der Protagonisten nicht länger gerecht. Wie schon über Fridolins Recherchen liegt über dem Finale das Licht des Tages. Überwunden ist die märchenhafte Naivität ebenso wie die konfliktreiche novellistische Triebdeterminierung. Die Tochter fährt nicht fort, das Märchen vorzulesen. Ihr helles Lachen korrespondiert mit dem Morgenlicht und verscheucht die Schatten des Abends und der Nacht.

Differenziert gestaltet sind die einzelnen Personenreden. Dialogisches und monologisches Sprechen wechseln abhängig von der jeweiligen Aussagefunktion prägnant ab. Der Dialog der Eheleute am Anfang löst den eigentlichen Konflikt und damit den novellistischen Prozess aus, während der abschließende Dialog ein Resümee der einzelnen Erfahrungen darstellt und die Konfliktlösung vorbereitet. Das Gespräch ist Ausgang und Ziel der dargestellten Bewusstseinsprozesse.

Personenreden

Die Dialoge, die Fridolin mit den Personen führt, die ihm auf seiner Odyssee begegnen, werfen in dramatischer Manier Probleme auf, ohne sie allerdings zu lösen. Sie treiben

4. WERKAUFBAU

Dialoge als Handlungsimpulse

die Handlung voran, spitzen den Konflikt zu und lassen dessen Überwindung als notwendig erscheinen. Eine Reflexion des Konflikts leisten sie jedoch nicht. Dies ist den Gesprächen der Eheleute vorbehalten, die aus dem Erlebten ihre Lehren ziehen und damit den dramatisch angespannten Prozess zu Ende bringen.

Die Trennung der Eheleute bedingt notwendig einen Wechsel vom dialogischen zum monologischen Sprechen. Charakteristisch für die Verteilung der Redeweisen ist das Zurücktreten des Erzählers. Ein Erzähler mischt sich nicht ein, Konflikterleben und Konfliktkommentar liegen allein beim Erzählpersonal. Dominant ist Fridolin mit den weitaus größten Redeanteilen. Beispielhaft ist sein Redeverhalten in der geheimen Gesellschaft.

Erzählperspektiven und ihre Wirkungen

Die inneren Vorgänge werden aus der Perspektive der erlebenden Person wiedergegeben, und zwar in der 3. Person des Präteritums. Erreicht wird dadurch eine größere Unmittelbarkeit, die der psychischen Angespanntheit des Protagonisten Rechnung trägt. Zugleich aber erfolgt durch die Wahl der 3. Person eine gewisse Distanzierung. Hier liegt der entscheidende Unterschied zwischen der erlebten Rede, wie sie in der *Traumnovelle*, insbesondere in Fridolins Abenteuergeschichte, verwendet wird, und dem inneren Monolog in *Lieutenant Gustl*, der die Ich-Form wählt. Offenbar ging es Schnitzler in der *Traumnovelle* darum, die erlebende Person auf Distanz zu rücken, ihr Verhalten dem kritischen Urteil des Lesers zu unterwerfen. Eine Identifizierung sollte offenbar auf jeden Fall vermieden werden.

4. WERKAUFBAU

In Albertines Traum tritt zwar das Ich als Erzähler auf, es ist indes das Traum-Ich, das an die Stelle der realen Person tritt, so dass auch hier in der Wirklichkeitsbrechung eine deutliche Distanzierung erfolgt. Schnitzlers späte Novelle führt die Hauptpersonen in kritischem Abstand vor und fordert auf diesem Wege die Reflexion und das Urteil des Lesers heraus.

Albertine und Fridolin bewegen sich in einer symbolisch vieldeutigen Wirklichkeit. Dabei ist das Symbol Zeichen und Offenbarung von Bewusstseinszuständen, die dem Normalverstehen schwer zugänglich oder gar verschlossen sind. Die Symbolentschlüsselung gibt Einblicke in die jeweilige zentrale Problemstellung und ist bei Schnitzler Teil eines psychoanalytischen Erzählens.

Symbolverwendung

Äußerer Anlass für das konfliktauslösende Ehegespräch ist der gemeinsame Besuch einer Karnevalsredoute. Karneval geht einher mit einer Neuerweckung des Vegetativen und Vitalen im Frühling, mit einem Wiedererwachen der Sinne und der Sinnlichkeit. In diese Phase fällt nicht von ungefähr die neue erotische Sensibilisierung Albertines und Fridolins, in denen aufreizende Erinnerungen wach werden. Dementsprechend verweist der Vorfrühling, den Fridolin bei seinen nächtlichen Gängen hautnah erlebt, auf die neu aufbrechende Lebenskraft und zugleich auf das Bewusstsein, das sich dem Neubeginn des Wachstums öffnet. Im Frühling wird sich der Mensch in wachsendem Maß seiner Triebkräfte bewusst. In diesen Zusammenhang gehört auch Albertines Traumerlebnis mit den zahlreichen Liebespaaren inmitten einer üppig blühenden Natur.

Symbolisch strukturierend ist die Tageszeit. Am Abend kündigt sich der Konflikt an,

Zeit und Raum

der zur Nachtzeit eskaliert. Die Nacht ist die Zeit geminderten Bewusstseins, die Zeitphase, in der Unbewusstes vom Menschen Besitz ergreift. Hier haben Fridolins Abenteuer und der Traum Albertines ihren Platz. Die Überwindung des Konflikts findet am Morgen statt. Am Tage geht Fridolin den nächtlichen Heimsuchungen nach und erfährt eine zunehmende Ernüchterung.

Ähnlich wie die Jahres- und Tageszeiten sind auch die Räume, in denen sich die Personen bewegen, von symbolischer Bedeutung. Das Haus des verstorbenen Hofrats ist schlecht beleuchtet, in einer engen Gasse, abseits der zentralen Straßen, trifft Fridolin auf die Prostituierte, der Gang im Haus des Maskenverleihers mit seinen an den Seiten aufgehängten Kostümen verliert sich rückwärts in Finsternis.

Vorherrschend ist der Eindruck des Dunklen und Engen, parallel zum geminderten Bewusstsein Fridolins, der sich mehr und mehr in seine Triebwünsche verstrickt und innerlich wie äußerlich zunehmenden Beschränkungen ausgesetzt ist.

> Dunkel und Helligkeit

Das Haus der geheimen Gesellschaft liegt in der Vorstadt außerhalb der Grenzen des bürgerlichen Lebenszentrums. Der Weg dahin führt durch schlecht beleuchtete Nebengassen, während die Stadt im Dunst verschwimmt. Immer tiefer fährt die Kutsche in eine im Dunkeln liegende Schlucht. Gespiegelt in der Kutschfahrt wird der zunehmend in die dunklen Tiefen des Unterbewussten führende Bewusstseinsprozess der Hautperson. Vorangetrieben von seinen Triebwünschen, bewegt sich Fridolin auf den Abgrund zu. In den Räumen, wo sich die Männer in bunten Kavalierstrachten mit nackten Frauen im Tanz drehen, liegt ein fremdartiger, schwüler Wohlgeruch wie von südländischen Gärten. Fridolin bewegt sich in einer betäubenden,

4. WERKAUFBAU

sinnlich bis zum äußersten angespannten Welt. Das Atmosphärische überwältigt in impressionistischer Manier die nüchterne realistische Wahrnehmung.

> Erst nachdem Fridolin das Haus verlassen hat, kommt er langsam wieder zu sich. Die Obsessionen verlieren ihren Einfluss. Der Wagen, der ihn zurückbringt, fährt nun immer hügelaufwärts, heraus aus der Schlucht, aus den Tiefen des Unterbewussten und der Triebverstrickung. Erinnerungen an sein Berufsleben werden in ihm wach. In den Morgenstunden ist er zurück in seinem Heim. Vorüber ist die Nacht mit ihren Heimsuchungen, der Abstieg in die Triebzonen seines Bewusstseins. Vor ihm liegt ein neuer Tag.

In Albertines Traum lösen sich Zeit und Raum auf. Schwebend verlässt sie die gewohnte bürgerliche Umgebung und findet sich auf einer Lichtung wieder, später auf einer unendlich weit gedehnten, blumenbunten Fläche mit nach allen Seiten verschwimmenden Grenzen. Führte Fridolins Irrfahrt immer mehr in die Enge und das Dunkle, so weitet Albertines Traum das Bewusstsein aus. Der Einzelne verliert sich in lichten Fernen. Beiden gemeinsam aber ist der vorübergehende Verlust der Mitte, ihres Lebenszentrums, in dem sich beide treffen und gemeinsam ihr Leben bestehen können. Beide kehren zum Schluss heim in ihren Ehealltag, Fridolin, indem er von draußen nach drinnen tritt, Albertine, indem sie aus dem Traum zurückfindet in die Wirklichkeit.

Gemeinsam ist beiden aber auch das Erlebnis der Polarität von Lieben und Sterben, die sich in scharf geschnittenen Kontrastierungen sprachlich und motivisch niederschlägt. In Albertines Traum stehen erotische Bacchanalien neben der Hinrichtung Fri-

Polaritäten

dolins am Kreuz, nachdem er die Hand der jungen Fürstin ausgeschlagen hat. Mitleidlos verfolgt die Träumende die Exekution. Fridolin ist für sie als künftiger Ehemann der Vertreter der bürgerlichen Norm, die Albertines eigene Möglichkeiten notwendig einschränkt. Sowohl in dem abendlichen Gespräch am Anfang der Novelle als auch im Traum geht es um kurz bevorstehende Bindungen. Zunächst ist es die Zeit am Wörthersee kurz vor der Verlobung, dann im Traum der Vorabend der Hochzeit. In beiden Fällen werden geheime Wünsche in Albertine wach, Sehnsüchte nach freien erotischen Erlebnissen jenseits der bürgerlichen Ehebindung. Fridolin, mit dem sie im Traum eine Liebesnacht unmittelbar vor der Hochzeit verbringt, wird in Anlehnung an das Märchen von Galeerensklaven hergerudert, erscheint also durchaus verbunden mit Unterdrückung und Sklaverei, Vorstellungen, die auch die Frau kurz vor Eintritt in die bürgerliche Ehe bewegen mögen. Fridolins Tod am Kreuz bedeutet Befreiung von den Einschränkungen eines normativ geregelten Ehelebens. Die Kreuzigung bedeutet Absage an alle asketischen, die uneingeschränkte sinnliche Erfüllung verneinenden Lebenskonzepte. Was immer der freien Lust im Wege steht, wird im Traum konsequent liquidiert.

Auflehnung gegen Bindungen

Fridolin erlebt demgegenüber auf seinen nächtlichen Irrfahrten die Polarität von Eros und Thanatos weniger als Befreiung denn als Bedrohung. Was im Traum möglich erscheint, lässt die Wirklichkeit, in der sich Fridolin bewegt, nicht zu. Deutlich treten die Abgründe hervor. Scharf ist der Kontrast des verstorbenen Hofrats zu seiner Tochter Ma-

Eros und Thanatos

rianne, die Fridolin am Totenbett ihre Liebe gesteht. Wenig später beim Maskenverleiher erscheinen ihm die Kostüme wie ein Ensemble von Gehängten. Die Kutsche, der Fridolin auf dem Weg zum Ort geheimer Lüste folgt, kommt ihm wie eine Trauerkutsche vor, und die Frau, die sich für ihn aufopfert, vermutet er später als Leiche im Totenschauhaus. Die pointierten Kontrastierungen verweisen in Übereinstimmung mit den Theorien Sigmund Freuds auf die tödliche Gefährdung des Menschen im Bann eines unkontrollierten Trieblebens. Libido und Destrudo, Lebens- und Todestrieb, liegen nah beieinander. Nur die Kontrolle durch das Über-Ich kann den zerstörenden Kräften des Es auf Dauer Einhalt gebieten. Was sich im Traum hemmungslos auslebt, wird in der Wirklichkeit in seiner Bedrohlichkeit bewusst. Die Kreuzigung des ordnenden, an der Beschränkung orientierten Prinzips müsste dem Chaos Tor und Tür öffnen. Die Dialektik von Eros und Thanatos findet ausschließlich in der Ehe zur Synthese eines zeitlich befristeten Glücks, zu dem sich Fridolin nach seinen Irrfahrten und die aus ihrem Traum erwachte Albertine gemeinsam bekennen.

Leitmotivisch zieht sich durch die Novelle das Motiv des Be- und Entkleidens. Bereits im abendlichen Gespräch mit seiner Frau erinnert sich Fridolin an eine junge unbekleidete Dänin am Badestrand, die ihn während eines Urlaubs stark erregt hatte. Kurz nach diesem Gespräch auf dem Weg zu einem Patienten veranlasst ihn das frühlingshafte Tauwetter dazu, seinen Pelz zu öffnen, gleichsam Einblick zu gewähren in das, was ihn im geheimsten bewegt. Der fade Geruch des ungelüfteten Kleides Mariannes flößt ihm indes eher Widerwillen ein. In jedem Fall geht von dem bekleideten bzw. unbekleideten Gegen-

> Be- und Entkleiden als leitmotivisches Prinzip

über eine unmissverständliche erotische Wirkung aus. Die entkleidete Prostituierte auf seinem Schoß reizt ihn, ohne dass es allerdings zu einer wirklichen Annäherung kommt. Allzu sehr scheint Fridolin noch mit sich selbst beschäftigt. Als sie in ihren Schlafrock schlüpft, schwindet die erotische Anspannung. Die Andeutungen Nachtigalls von der geheimen Gesellschaft rufen in Fridolin spontan die Vorstellung nackter Frauen wach.

> Wo die Kleider fallen, treten die Wünsche nach Lusterfüllung ungehemmt hervor, tut sich eine Welt jenseits bürgerlicher Verhüllungen auf. Das Kleid erscheint als Verkleidung individuellen Triebverlangens, wie eine Tarnung, die jederzeit fallen kann. In diesem Sinne täuscht das Mönchskostüm Keuschheit vor, hinter der sich der Wunsch nach erotischer Erfüllung nur fadenscheinig verbirgt. Schon bald schlüpfen die Männer in der geheimen Gesellschaft in bunte Kavalierstrachten, in denen sie sich als Freier den nackten Tänzerinnen nähern. Ernüchternd allerdings ist die nackte Tote in der Totenkammer. Am Ende steht der Verfall aller erotischen Reize. Ähnlich erscheinen auch die Kostüme des Maskenverleihers ohne den lebendigen Menschen wie gespenstische Tote. Der nackte Leichnam wie das leere Kostüm sind Ausdruck eines ernüchternden Memento mori, das in einer barocken Vergeblichkeitsgebärde die Lust letztlich aufhebt.

Ein ähnliches Spiel mit Kleidung und Bekleidung findet auch in Albertines Traum statt. Nach der geträumten Liebesnacht mit Fridolin sind die Kleider der beiden unauffindbar. Während sich Fridolin aufmacht, neue Kleider zu besorgen, bewegt sich Albertine nackt und befreit in der Natur und erlebt wenig später ungeahnte erotische Erfüllungen. Steht die Nacktheit in Schnitzlers *Traumnovelle* für

4. WERKAUFBAU

das unverstellte Hervortreten des Trieb- und Lustverlangens, so ist das Kleid Ausdruck der Verhüllung, aber auch der bewusst gewählten Einschränkung. Fridolin setzt sich im Traum engagiert für eine angemessene Bekleidung ein.

Das dialektische Leitmotiv der Ent- und Bekleidung unterstreicht das novellistische Thema der Triebentfesselung und Triebbeschränkung. Dem Hervortreten ungezügelter Lust steht die Notwendigkeit, sie zu beherrschen, gegenüber. Aus der Einsicht in die Folgen totaler Enthüllung entspringt der Entschluss zur verhüllenden Disziplinierung. Fridolins Abenteuer wie Albertines Traum sind Wege zur Erkenntnis der im Menschen latent wirksamen chaotischen Kräfte, die, erkannt und im ehelichen Dialog abgearbeitet, ihre zerstörerische Energie verlieren können, zumindest aber den Einzelnen sensibilisieren für ein triebkontrolliertes Leben.

5. Wort- und Sacherläuterungen

5,2–6 »Vierundzwanzig braune Sklaven ... und sein Blick –«: Die Quelle dessen, was das Kind am Beginn der Novelle seinen Eltern vorliest, ist nirgends eindeutig belegt. Der Name des Prinzen Amigiad verweist jedoch in den Kontext der *Märchen aus Tausendundeiner Nacht*. Dort findet sich die von Scheherazade erzählte Geschichte der Prinzen Amigiad und Assad. Die Motive der Nacht, der Einsamkeit, der Reise und des Abenteuers deuten auf einen engen Zusammenhang mit der *Traumnovelle* hin.

5,25 Redoute: Maskenfest.

14,12 u. a. Josefstadt, Schreyvogelgasse, Rathauspark, Buchfeldgasse, Wickenburgstraße, Alserstraße, Leopoldstadt, Ottakring, Hotel Bristol, Hotel Erzherzog Karl, Pathologisch-anatomisches Institut: authentische Wiener Ortsangaben.

17,6 Spitzenkatarrh: Katarrh (griech.), entzündliche Reizung der Lungenspitzen.

19,26 Havelock: langer Herrenmantel mit einem Pelerine genannten Umhang.

22,3 f. Ordination: ärztliche Sprechstunde.

23,16 Kontrahage: Verabredung zum Duell.

28,22 Vitriol: kristallisiertes Eisensulfat.

28,25 Sublimat: hochgiftige Quecksilberverbindung, verwendet auch zur Behandlung von Geschlechtskrankheiten.

31,9 Cancan: schneller Tanz auf der Bühne; berühmtes Beispiel ist Offenbachs Cancan aus der Operette *Orpheus in der Unterwelt*.

31,10 Couplet: Kehrreimlied.

5. WORT- UND SACHERLÄUTERUNGEN

35,10 **Parolle**: eigentlich Parole, Kennwort, Losung.
37,20 **Louis Quatorze**: der frz. König Ludwig XIV.
37,31 **Femrichter**: Femgerichte waren im Mittelalter ein Instrument nichtadliger Gerichtsbarkeit. Da sie ihre Macht häufig missbrauchten, gerieten sie ebenso in Verruf wie die Richter, die die Urteile fällten.
38,2 **Pierrettenkostüm**: Pierrette ist das weibliche Pendant zu Pierrot, dem Clown aus der Commedia dell'arte.
41,19 **Bahnviadukt**: Eisenbahnüberführung.
57,22 **Delirien**: Pl. von Delirium, Fieberphantasie.
71,18 **läutete er rasch ab**: abläuten (österr.): den Telefonhörer auflegen.
71,28 **eines Konsiliums wegen**: Konsilium (lat.): Beratung eines Ärztekollegiums in schwierigen Krankheitsfällen.
74,26 **Empirestil**: Stil der napoleonischen Ära in Frankreich.
84,18 **Rauchfangkehrer**: (österr.) Schornsteinfeger.
89,17 **Addison**: Erkrankung der Nebennieren.
89,22 **histologische Untersuchung**: Gewebeuntersuchung.
89,23 **Sarkom**: bösartige Geschwulst der Gewebe, Gefäße und Muskulatur.

6. Interpretation

Eine idyllische Familienszene eröffnet Arthur Schnitzlers *Traumnovelle* und beschließt sie. Dazwischen liegen eine aufregende Odyssee durch das nächtliche Wien und aufwühlende erotische Träume: krisenhafte Einbrüche in das Normalbewusstsein. Die elementare Harmonie von Vater, Mutter und Kind scheint trügerisch, zumindest aber von innen heraus gefährdet. Auslösend ist der am Tag zuvor zur Karnevalszeit besuchte Maskenball mit seinen geheimen Verlockungen und Verführungen, die den Eheleuten Albertine und Fridolin eine leidenschaftlich erlebte Liebesnacht bescheren. Erinnerungen an ihre ersten Jahre steigen in ihnen hoch, an ihre Begegnungen mit anderen verführerischen Menschen, an verfängliche Situationen, an Abenteuer, Freiheit und Gefahren. Freimütig bekennen sich beide zu den aufreizenden Erlebnissen von einst, fasziniert von den ungenutzten Möglichkeiten und fest entschlossen, dem andern gegenüber vorbehaltlos offen zu sein.

Die Wirklichkeit ihres Ehealltags sieht sich konfrontiert mit ihren geheimsten Wünschen, die am Beginn ihrer Gemeinschaft hervorgetreten, im Laufe der Jahre auf den Grund ihres Bewusstseins abgesunken sind, sich nun wieder zu Wort melden und auf Verarbeitung drängen. Sowohl der junge Däne als auch das junge Mädchen aus längst vergangenen Urlaubserlebnissen sind plötzlich bedrängend präsent, die Wünsche von damals stellen die bürgerlich geregelte Ehewirklichkeit von Albertine und Fridolin in Frage.

> Ehealltag und unterdrückte Wünsche

6. INTERPRETATION

Die Familienidylle erweist sich als ein unsicherer, durch anarchische Triebkräfte gefährdeter Lebensraum. Seine Behauptung gegen das Chaos erfordert Offenheit und den Mut zur Krise. Insofern ist der einleitende idyllische Zustand dialektischer Impuls, sich der eigenen seelischen Verfasstheit auszusetzen mit dem Ziel, sie gemeinsam zu bewältigen. Ein modernes Menschenbild in der Spannung zwischen krisenhafter Gefährdung und sittlicher Kontrolle, zwischen uneingeschränkten Wünschen und der notwendig zu beschränkenden Lebenswirklichkeit gewinnt Gestalt. Was sich in der Einleitung ankündigt, ist der Beginn einer Konfrontation mit den latent destruktiven Kräften, die im Fortgang des Erzählens einen von innen heraus motivierten, krisenhaften Prozess in Bewegung setzen. Notwendig trennen sich die Wege der unmittelbar betroffenen Eheleute. Jeder muss die Gefährdungen am eigenen Leibe erfahren, ihre Reflexion und Bewältigung aber ist wesentlicher Teil des ehelichen Dialogs. Selbstbewährung schließt die rückhaltlose Zuwendung zum anderen mit ein.

> *Spannung zwischen Gefährdung und Kontrolle*

Fridolin, als Arzt zu einem langjährigen Patienten gerufen, findet diesen nur noch tot vor. Mit dem Liebesgeständnis der früh verblühenden Tochter des Verstorbenen beginnt sich für Fridolin eine verwirrende Welt aufzutun, die ihn anzieht und zugleich abstößt. Zwischen Liebe und Tod, der verliebten jungen Frau und dem verstorbenen Vater, erlebt er zusammen mit den geheimsten Wünschen die Abgründigkeit des Lebens. Herausgetreten aus seinem scheinbar gesicherten bürgerlichen Dasein, bewegt sich der Einzelne wie in einer Traumwelt, in einem zwischen Unterbewusstsein und Ichbewusstsein angesiedelten

6. INTERPRETATION

> Mittleres Bewusstsein als Bewegungsrahmen

mittleren Bewusstsein, wie Schnitzler es sah, das ähnlich wie das Freudsche Unbewusste Zugänge zu bisher verborgenen und verdrängten Wünschen eröffnet.

Auffällig ist die Dialektik von Thanatos und Eros, von Todesnähe und Liebeslust. Der Eros zeigt jenseits der bürgerlichen Grenzen sein tragisches Gesicht (vgl. S. 26 f. dieses Lektüreschlüssels). Eine Prostituierte, eine, wie er sie öfter als Gymnasiast aufgesucht hatte, nimmt ihn mit auf ihr Zimmer. Ihr blasses Gesicht und die rot leuchtenden Lippen sind ihm Zeichen der Lust wie des Todes. Eine Annäherung misslingt. Übermächtig und irritierend ist die Reflexion, die innere Sperre gegen den spontanen Genuss. Dennoch wirken in ihm die Wünsche nach grenzenloser Lust, die ihn weiterhin umtreiben, ohne dass sie in Erfüllung gehen. Das Verdrängte, das in ihm aufsteigt, holt die Jugend nicht zurück, bleibt ähnlich folgenlos wie Albertines Traum, der ein Stück unterdrückter Wirklichkeit wieder ins Bewusstsein hebt.

> Der Mensch zwischen Wunsch und Wirklichkeit

Zwischen Wirklichkeit und Wunsch gestellt, ist der Mensch immer beides, der, der sich im Endlichen und dessen begrenztem Glück eingerichtet hat, und der, der sich nach unendlicher Erfüllung sehnt, ein Wesen zwischen realer Bindung und nur vorgestellter Bindungslosigkeit, zwischen Triebbeschränkung und ungehemmter Triebeerfüllung.

> Sog der geheimsten Wünsche

Nach der Begegnung mit der Prostituierten zieht Fridolin nichts in die gesicherten Bezirke seines Hauses und seiner Familie zurück. Im Sog eines Zaubers, in dem die Jugend und mit ihr geheimste Wünsche zu

6. INTERPRETATION

neuem Leben erwachen, verstrickt er sich weiter in eine Irrfahrt. Die immer wieder beschworene Todesnähe verweist unbarmherzig auf das unweigerliche Ende aller Lust, von der man aber nicht lassen will. Im Licht der Polarität von Lieben und Sterben erscheinen die Triebwünsche verlockend und unaufschiebbar, und doch ist in ihnen das Erlebnis des Endes stets präsent. Fridolin, angeregt durch den abendlichen Erlebnisaustausch mit seiner Frau und die sexuell unerfüllten Begegnungen mit Marianne und der Prostituierten, strebt umso mehr nach Erfüllung seiner leidenschaftlich erwachten Wünsche. Beharrlich sperrt er sich weiter dagegen, den Heimweg anzutreten.

In einem Kaffeehaus trifft er nach vielen Jahren einen ehemaligen, gescheiterten Kommilitonen, der sich jetzt als Pianist durchschlägt. Verräterisch klingt dessen Name »Nachtigall«, ein Verweis auf die sich bald erfüllende Funktion als Liebesbote. Elektrisiert von Nachtigalls Erzählung, in der von einer geheimen Gesellschaft die Rede ist, hegt Fridolin den Wunsch, Zugang zu dieser Gesellschaft zu finden, er schaltet alle Bedenken aus. Mehr und mehr gerät Fridolins Triebleben außer Kontrolle. Ähnlich wie in der Freudschen Psychoanalyse bricht sich eine kaum zu beherrschende Triebdynamik Bahn, deren einziges Ziel bei äußerster körperlicher Erregung die Befriedigung, die Aufhebung des Reizzustands ist. Ausschließliche Triebquelle ist bei Schnitzler die Sexualität, an der ja auch Freud seine Trieblehre erarbeitete. Was sich in Fridolins Verhalten immer mehr ausprägt, ist das moderne Menschenbild, die Dialektik von kontrolliertem Ich-Verhalten und ungezügeltem Triebleben. Nicht nur im Traum, sondern auch in einem durch gesteigerte Erregung beeinflussten Wachbewusstsein bricht

Kontrollverlust

bei Schnitzler der Widerstand in sich zusammen, und der Einzelne scheint schutzlos seinen Triebwünschen ausgeliefert. Nicht länger gilt das klassische Ebenmaß, die harmonisch ausgewogene Persönlichkeit, sondern das vielschichtige menschliche Bewusstsein, die Spaltung in ein organisiertes, das Chaotische abwehrendes Ich und in das triebhaft bedrohte Ich, das sich im Chaos zu verlieren droht. Die moderne Erfahrung des Bewusstseins, so wie sie sich in der Novelle konturiert, ist im wesentlichen krisenhaft. Fridolin verwickelt sich unter dem Druck einer übermächtigen Triebdominanz mehr und mehr in ein nicht länger zu kontrollierendes Zwangsverhalten.

Kompromisslos erzwingt er den Zugang zu der geheimen Gesellschaft. Äußere Bedingung ist jedoch zunächst die Beschaffung eines Kostüms und einer Gesichtsmaske. Beim Maskenverleiher erscheinen ihm die Kostüme in einer spontanen Eingebung wie »eine Allee von Gehängten [...], die im Begriffe wären, sich gegenseitig zum Tanz aufzufordern« (37,17f.). Bei Schnitzler stellt die Maskierung den Höhepunkt des drohenden Identitätsverlusts dar, das Tanzmotiv verweist in diesem Zusammenhang auf den Totentanz. Unkenntlich und anonym droht sich das Ich hinter der Gesichtsmaske aufzulösen. Fridolins Wahl fällt auf eine Mönchskutte und eine schwarze Maske, Verweis auf ein ambivalentes Gefühlsverhalten, auf das gleichzeitige Bestehen miteinander unvereinbarer Vorstellungen und Wünsche, in diesem Fall auf die anonyme Triebbefriedigung und die Keuschheit. Fridolin befindet sich in einem Zustand extremer Zerrissenheit.

> Maskierung als Höhepunkt des Identitätsverlusts

Wieder begegnet ihm in der Tochter des Maskenverleihers eine noch fast mädchenhafte Frau. Im Kostüm der Pierrette, des weiblichen Gegenstücks zum Pierrot aus der Commedia dell'arte, stellt sie eine allerdings etwas dümmlich-linkische Liebhaberin dar. Ihr zur Seite stehen zwei paradoxerweise als Femrichter verkleidete junge Männer in roten Talaren, die einer Einladung der Tochter zu einem reizvollen Tête-à-tête gefolgt sind. In seinem erotischen Erregungszustand ist Fridolin von der Kleinen aufs äußerste entzückt, ohne das Läppisch-Alberne des ganzen Aufzugs zu durchschauen, der ihm die Rolle in einem Schmierentheater zuweist. Doch alles bewegt sich noch auf der Ebene des Spiels, das jedoch ähnlich wie der Traum authentische Einblicke in den Bewusstseinszustand des Betroffenen eröffnet.

Fridolin, unfähig zur Selbsterkenntnis, folgt in einem Fiaker der Kutsche Nachtigalls, die ihm wie eine »Trauerkutsche« (36,19) auf dem Wege zum Grab vorkommt – erneute Anspielung auf die extreme existenzielle Bedrohung des Triebverfallenen. Tatsächlich hat Fridolin den Eindruck, sich abwärts in eine Schlucht zu bewegen. Von Nachtigall mit dem geheimen Losungswort versorgt, verschafft sich Fridolin den Eintritt in die geheime Gesellschaft in einem Haus in Ottakring, einem Vorort Wiens, also deutlich außerhalb der städtisch-bürgerlichen Grenzen. Überraschend eröffnet die Parole »Dänemark« Parallelen zu jenem Urlaub am dänischen Strand, wo Fridolin und Albertine ihre aufwühlenden Erlebnisse hatten.

> Triebverfallenheit als existenzielle Bedrohung

In der geheimen Gesellschaft selbst treten ihm maskierte Männer und Frauen in Mönchs- und Nonnenkostümen entgegen. Ein plötzlicher Szenenwechsel präsentiert die Männer in bunten Kavalierstrachten, während die Frauen bei beibehaltener Gesichtsverschleierung völlig nackt auftreten und sich mit den Kavalieren zu aufreizenden Tänzen zusammenfinden. Entscheidend ist das Hervortreten sexueller Signale, während das Individuelle zurücktritt: »Die ersten entzückten Atemzüge wandelten sich zu Seufzern, die nach einem tiefen Weh klangen« (45,21–23). Auch Fridolin ist angesichts der schlanken und üppigen Frauenkörper von der unsäglichen »Lust des Schauens« und der »Qual des Verlangens« ergriffen (45,19f.). Die geheime Gesellschaft mit ihrer schwülen erotischen Szenerie bewegt sich jenseits der eng gezogenen bürgerlichen Grenzen. Der Kern des Lebens, das eigentlich erlösende Heil scheint hier im Eros zu liegen, der Hemmungen und Beschränkungen nicht länger zulässt. Ein ausschweifendes Bacchanal der Sinne, eine Orgie zügellosen Triebgenusses nehmen ihren Lauf. Fridolin ist fasziniert von dem sich mehr und mehr enthüllenden Mysterium erotischer Allmacht, und doch gehört er nicht dazu. Eine Frau mit blutroten Lippen mahnt ihn, sich zu entfernen, denn längst hat man ihn als Eindringling durchschaut. Die aufreizende Mahnerin erklärt sich, als sich die Situation zuspitzt, bereit, ihn auszulösen: »Hier bin ich, hier habt ihr mich – alle!« (52,26).

Eros als scheinbarer Kern des Lebens

Diese Entwicklung führt zu einer orgiastischen Eskalation, in der die Frau zum austauschbaren Lustobjekt der Kavaliere wird. Am Ende stehen die destruktive Lust und das Opfer des zügellosen Eros, der einmal mehr seine zerstörenden Kräfte zu erkennen gibt. Der Tiefpunkt von Fridolins Odyssee mit ihren sich steigernden erotischen Abenteuern ist erreicht. Die »Trauerkutsche« führt ihn heraus aus der Schlucht, nun stetig aufwärts, zurück zu seinem bürgerlichen Dasein. Aus der

Ungezügelter Eros als zerstörerische Kraft

okkupierenden Triebentfesselung taucht er mit den Bildern seiner Tätigkeit als Klinikarzt und seiner Frau vor Augen auf. Der pathologische Reizzustand weicht der alltäglichen Normalität. Überstanden ist die triebhafte Obsession, die ihn heillos in ein Chaos zu verstricken drohte.

Zu Hause trifft er vergleichbar mit dem Heimkehrer Odysseus auf seine Frau, die wie Homers Penelope von Freiern bedrängt wird. Doch Albertines Freier ist nur geträumt, dennoch entfaltet er eine drückende Präsenz. Auch für sie ist das abendliche Gespräch nicht folgenlos geblieben. Der Traum versetzt sie auf eine Lichtung, wo sie am Vorabend ihrer Hochzeit mit Fridolin zunächst eine leidenschaftliche Liebesnacht erlebt.

> Traum als Erfüllung geheimer Triebwünsche

Dann aber begegnet sie dem jungen Dänen, der sie während ihres Urlaubs fasziniert hatte. Anders als damals aber kommt es nun zu einer leidenschaftlichen Erfüllung ihrer geheimsten Wünsche. Wie in Fridolins Odyssee sind auch in Albertines Traum die Triebe bis aufs äußerste entfesselt. Das Verlangen nach zügelloser erotischer Freiheit setzt alle moralischen Beschränkungen außer Kraft. Zeit und Raum scheinen aufgehoben, unendlich setzt sich die Lust fort, in einem nicht endenden Taumel der Sinne erfüllt sich das Paradies. Deutlich sieht Albertine im Traum Fridolin vor sich, erlebt seine Begegnung mit der schönen Fürstin, in der das verführerische Mädchen aus dem Urlaub in Dänemark wieder auferstanden scheint, wird Zeugin seiner Anklage wie des Werbens der Fürstin um ihn und verfolgt schließlich, als er die Hand der schönen Frau ausschlägt, seine Hinrichtung. Innerlich jedoch bleibt sie unbeteiligt. Fridolin vertritt für sie nur die bürgerliche Welt mit ihrer bindenden Moral, die sie im Traum längst hinter sich gelassen hat. Schrill lacht sie auf, als Fridolin ans Kreuz geschlagen wird.

> *Selbstentlarvung im psychischen Ausnahmezustand*

Beide haben sich in psychischen Ausnahmesituationen selbst entlarvt, er in seiner abenteuerlichen Odyssee, sie in ihrem erotischen Erfüllungstraum. Weit haben beide die bürgerlichen Grenzen überschritten und sind eingedrungen in eine Triebwelt, die von ihnen Besitz ergreift, weil sie ein Teil von ihnen ist, der, im Ehealltag verdrängt, plötzlich in ungehemmten Wünschen hervorbricht und die schützenden moralischen Barrieren niederreißt. Erschüttert erlebt sich der Einzelne einer sich verselbständigenden Dynamik ausgesetzt, die ihn und die Gemeinschaft, in der er sich eingerichtet hat, bedroht. Während Albertine offenbar keine Bedrohung für ihre Ehe sieht, erwägt Fridolin, sich sogar von seiner Frau zu trennen (vgl. 71; 72,30 f.). Zu tief hat ihn ihre Teilnahmslosigkeit angesichts seiner Hinrichtung in ihrem Traum getroffen. Alles andere als eine bedeutungslose Wahnvorstellung, ist der Traum ein Spiegelbild des Träumenden, seiner geheimsten, normalerweise nicht zugelassenen Wünsche.

Unwiderstehlich fühlt sich Fridolin aufgerufen, seine nächtlichen Erlebnisse noch einmal aufzuarbeiten.

> *Fridolins Bilanz der nächtlichen Erlebnisse*

Die Bilanz ist jedoch erschütternd. Die Pierrette hat offenbar den Rest der Nacht mit einem der Femrichter zugebracht, die Prostituierte liegt für Wochen im Spital, und die schöne Frau, die sich in der geheimen Gesellschaft für ihn aufgeopfert hat, ist tot – zumindest spricht vieles dafür, dass der Leichnam der Frau in der Totenkammer einer Wiener Klinik mit ihr identisch ist. Beherrschend sind die negativen Erfahrungen. In einer letzten Steigerung steht am Ende einer enthemmten Erotik die Auslöschung ihrer Opfer.

Fridolin durchläuft einen wichtigen Lernprozess, indem er die wichtigsten Stationen seiner triebgesteuerten Irrfahrt noch einmal aufsucht und sie bei normalem Tagesbewusstsein registriert. Was übrig bleibt, ist die Einsicht in die eigene Gefährdung und die Bereitschaft, in sein vertrautes Leben zurückzufinden.

Lernprozess

In der folgenden Nacht erzählt Fridolin Albertine die Geschichte seiner Verstrickungen. Beide stellen sich ihren Erlebnissen, den geträumten wie den wirklichen, und erkennen ihren neu erreichten Bewusstseinsstand, die neu gewonnene Wahrheit über sich selbst, die ihr gemeinsames Leben vertieft und sie es mit gesteigertem Verständnis für den anderen führen lässt. Harmonie setzt die Einsicht in die eigene Abgründigkeit voraus. Nur wer nicht die Augen verschließt vor den eigenen geheimen Triebwünschen, sie nicht abdrängt, sondern sie im Dialog mit dem Partner zur Sprache bringt, schafft die Voraussetzungen für den kontrollierten Umgang mit dem eigenen Triebpotenzial und eine solide Gemeinschaft.

Schnitzlers *Traumnovelle* erzählt den Prozess einer ehelichen Reifung, die, das Unvollkommene des Menschen vor Augen, seine sittliche Vervollkommnung als lebenslange Herausforderung begreift. Konsequent endet die Novelle mit der Rückkehr zur Familienidylle. Schlummernd liegen Albertine und Fridolin »einander traumlos nah«, bis mit »einem sieghaften Lichtstrahl durch den Vorhangspalt und einem hellen Kinderlachen von nebenan« (97) der neue Tag beginnt. Die nächtlichen Heimsuchungen wei-

Novellistische Quintessenz

chen dem hellen Tag, dem Licht, so wie die Bewusstwerdung der geheimsten Wünsche die dunklen Seiten des Einzelnen aufklärt und ihn in die Lage versetzt, diese erfolgreich abzuwehren.

> Albertine und Fridolin haben ein neues psychisches Niveau erreicht. Die unbefangene, selbstverständliche Harmonie des Anfangs hat am Ende nach dem Durchgang durch krisenhaft zugespitzte innere Verfassungen an kritisch reflexiver Qualität und an Tiefe gewonnen. Harmonie ist nicht nur ein naiv gewährter, sondern ein durch psychisch-geistige Anstrengung immer wieder neu zu erwerbender Zustand.

Familie und Ehe sind für Schnitzler schützende Institutionen für das von seinen Trieben bedrohte Individuum, das sich immer neu chaotisch zu verstricken droht und doch nach Geborgenheit und Sicherung verlangt. Aufgehoben werden kann die Polarität von Eros und Thanatos nur in der bürgerlichen Ehe und Familie, nur hier lernt der Einzelne, sein anarchisches Triebpotenzial in die Gemeinschaft einzubinden. Das Finale der Novelle ist geprägt von humanem Optimismus, vom Glauben an die selbstheilenden Kräfte des Menschen, der sich in einer Grenzerfahrung den Gefährdungen stellt und am Ende im offenen Dialog mit dem anderen ihrer Herr wird.

7. Autor und Zeit

Arthur Schnitzler, am 15. Mai 1862 in Wien geboren, ist ein derart typischer Vertreter der zweiten Hälfte des 19. Jahrhunderts, dass ihn der Historiker Peter Gay zum Repräsentanten für das Jahrhundert gewählt hat. Sein umfangreiches Buch von 2002 trägt in der deutschen Übersetzung den Titel *Das Zeitalter des Doktor Arthur Schnitzler. Innenansichten des 19. Jahrhunderts.*

Schnitzler als Repräsentant des 19. Jahrhunderts

Schnitzlers Vater, Johann Schnitzler, war als junger Mann jüdischer Herkunft aus dürftigen Verhältnissen in einem ungarischen Dorf nach Wien gekommen, hatte sich sein Medizinstudium durch Erteilen von Unterricht finanziert und durch Fleiß, Begabung, Wissen und ein ausgesucht liebenswürdiges Wesen eine angesehene Praxis als Kehlkopfspezialist begründet. Später avancierte er zum Regierungsrat, Direktor und Professor an der Allgemeinen Wiener Poliklinik. In der Komödie *Professor Bernhardi* verarbeitet Schnitzler Erfahrungen, die sein Vater als Gründer und Direktor des Wiener Klinikums hat machen müssen. Das Stück wurde von der Wiener Zensurbehörde verboten und kam erst 1920 nach dem Zusammenbruch der Habsburger Monarchie zur Aufführung.

Der Vater als Leitbild für Professor Bernhardi

Nach Jahren großer Anerkennung an der Klinik »Elisabethinum« begegnet Professor Bernhardi Anfeindungen, hinter denen sich antisemitische Hassgefühle nur mühsam verbergen. Seine human motivierte Entscheidung, einem katholischen Priester den Zugang an das Sterbebett einer jungen Frau zu verweigern, wird zum Gegenstand einer juristischen Anklage wegen Verletzung religiöser Gefühle. Bernhardi quittiert daraufhin den mit großer ethischer Verantwortung geführten Dienst, wird verurteilt und schließlich als Märtyrer und politisches Opfer klerikaler Umtriebe rehabilitiert. Das Stück führt in individuell differenzierten Personen die typischen Erscheinungsformen des Antisemitismus vor.

Schnitzlers Mutter Louise entstammte einem jüdischen Elternhaus gehobener bürgerlicher Kreise. Während die Großeltern noch an besonderen Feiertagen den jüdischen Ritus praktizierten, waren Schnitzlers Eltern assimilierte jüdische Wiener Bürger.

Gemeinsam mit den Zwillingsgeschwistern verbrachte Arthur, der Erstgeborene, eine sorglose Kindheit und Jugend. Dienstpersonal und Privatunterricht der Kinder bis zum Eintritt ins Akademische Gymnasium gehörten zum Lebensstandard der Familie.

> Kindheit und Jugend in Wien

Die Schule durchlief Arthur Schnitzler störungsfrei. Zu seiner jüdischen Herkunft hatte er ein unbefangenes Verhältnis. Die Über-Assimilierten waren ihm ebenso suspekt wie die genuinen Antisemiten.

Als im Mai 1873 ein Börsenkrach vielen Bürgern, unter ihnen auch Johann Schnitzler, hohe Vermögensverluste bescherte, wurden die jüdischen Großindustriellen und Bankiers zu Sündenböcken gestempelt, und eine Welle von Antisemitismus schwappte über Österreich. Schnitzler aber blieb bei seiner Ablehnung des Zionismus, der in der Gestalt Theodor Herzls seit den neunziger Jahren einen leidenschaftlichen Kämpfer für die Errichtung eines Judenstaats in Palästina fand.

1879 nahm Schnitzler auf Wunsch des Vaters, nicht aus eigener Neigung, ein Medizinstudium in Wien auf. Seine Neigung galt jedoch der Literatur und dem Theater. 1880 gelangen ihm erste Veröffentlichungen in der Münchener Zeitschrift »Der freie Landbote« mit *Liebeslied der Ballerine* und einem Aufsatz *Über den Patriotismus*. 1882 trat er als Einjährig-Freiwilliger im Garnisonsspital in Wien in den medizinischen Dienst, promovierte 1885 zum Dr. med. und wurde Assistenzarzt zunächst im Allgemeinen Krankenhaus und später in der Poliklinik des Vaters. Großes Engagement für den Arztberuf brachte er insgesamt nicht auf. Als Sekundararzt in der Psychiatrie stieß er jedoch auf ein für ihn interessantes medizinisches Sachgebiet, das ihn anregte, über Psychiatrie, Hypnose und Suggestion zu publizieren. Medizinische Arbeiten blieben allerdings auch dann die Ausnahme, als er die Redaktion der »Internationalen Klinischen Rundschau«, die sein Vater begründet hatte, übernahm, während die Publikationen von Gedichten, Prosaskizzen und Aphorismen in literarischen Organen beständig zunahmen.

Erste Veröffentlichungen

Tätigkeit als Arzt

Im Mittelpunkt seines literarischen Schaffens stand stets das Thema Liebe und Liebeslust, zu dem er von Jugend auf eigene Erfahrungen gesammelt hatte, akribisch in seinen Tagebüchern verzeichnet. Bereits als Sechzehnjähriger vermerkte er eine erkleckliche Anzahl von Liebschaften mit jungen Frauen, den »süßen Mädels« aus allen Schichten der Gesellschaft.

Schnitzlers Verhältnis zu Frauen

Man geht nicht fehl, wenn man Schnitzler als Sexomanen bezeichnet, dem mehrere Verhältnisse gleichzeitig besonders lustvolle Liebeserlebnisse bescherten. Als beispielhaft kann das seit 1894 bestehende Liebesverhältnis zu Marie Reinhard, einer gebildeten Gesangslehrerin aus gutbürgerlichem Haus, gelten, die er innig liebte und mit der er in eheähnlichen Verhältnissen zusammenlebte. Ihre gesellschaftliche Stellung hätte einer Ehe nicht entgegengestanden. 1897 gebar sie ihm ein Kind, das tot zur Welt kam. Trotz seiner immer wieder beschworenen Liebe zu ihr spielte er sein gewohntes Doppelspiel. »Seit ich eine zweite Geliebte habe, habe ich Mz Rh. auch physisch viel lieber wie früher«[1], vertraut er seinem Tagebuch an und beklagt seine »impertinente Sinnlichkeit«[2]. 1899 starb Marie Reinhard unerwartet an einer Sepsis infolge eines Blinddarmdurchbruchs. In seinem Nachruf nennt er sie Geliebte, Freundin und Braut.

Der Roman *Der Weg ins Freie* (1908) zeichnet bis in Einzelheiten die Verbindung zu Marie Reinhard nach. Freunde und Bekannte fanden das Buch skandalös, weil es allzu Privates indiskret der Öffentlichkeit preisgab. Wie sehr eigene Erfahrungen in Schnitzlers Werk verankert sind, zeigt auch seine dramatische Skizze *Anatol*, erschienen 1893 und 1910 auf dem Theater in Wien und Berlin erstmals aufgeführt. Die Skizze besteht aus sieben Einzelszenen, deren letzte, *Anatols Größenwahn*, später durch *Anatols Hochzeitsmorgen* ersetzt wurde. Dem Zyklus hat man die größte autobiographische Nähe zu seinem Autor zugesprochen. In der Konversationssprache der Wiener Gesellschaft erörtert Anatol mit seinem Freund Max die Probleme mit der immer nur vorübergehend geliebten Frau, die Wahrheit, Schuld und Treue betreffen.

> Autobiographische Elemente im Werk

Bis zu seiner Heirat (1903) mit der Schauspielerin Olga Gußmann, Mutter seines Sohnes Heinrich (geb. 1902) und seiner Tochter Lilli (geb. 1909), hatte er eine Vielzahl von Verhältnissen. Die Ehe mit Olga wurde nach Jahren zermürbender Auseinandersetzungen 1921 geschieden. 1925 erschien *Traumnovelle*. Den Stoff hat Schnitzler jahrelang mit sich herumgetragen, die Ausarbeitung wurde ihm jedoch erst nach der Scheidung möglich.

> Heirat mit Olga Gußmann

Nachhaltig gestaltete sich das kurze Liebeserlebnis mit Olga Waissnix 1886. Die schöne Wirtin des Hotels Thalhof aus Reichenau bei Wien hielt zwar ihre Ehe aufrecht, litt aber lebenslang unter dieser Entscheidung, wie aus ihrem Briefwechsel mit Schnitzler hervorgeht. Er nannte sie seine Muse und ließ sie teilnehmen an seiner literarischen Arbeit, wenngleich seine Gefühle für sie rasch erkalteten.

1893 starb der Vater. Arthur Schnitzler verließ die Poliklinik und eröffnete eine eigene Praxis. Sein literarisches Werk war inzwischen erheblich angewachsen. 1895 führte das Burgtheater Wien *Liebelei* auf. 1896 folgte die Berliner Uraufführung. Schnitzlers Schauspiel, das die Unernsthaftigkeit der Liebesbeziehung eines jungen, gelangweilten Mannes aus dem wohlhabenden Bürgertum zu einem einfachen Mädchen bereits im Titel zum Ausdruck bringt, schlägt um in eine Handlung jäh ausbrechender Verzweiflung und dringt vor zum tragischen Kern einer auf Schein und Lüge aufgebauten Beziehung. Es endet mit dem Tod beider, und die Beteiligten bleiben verstrickt in einen unaufhebbaren Schuldzusammenhang.

Schnitzler war auf dem Weg, für zwei Jahrzehnte *der* Dichter Österreichs zu werden. Er verkehrte in Literatenzirkeln mit Autoren der Wiener Moderne wie Hugo von Hofmannsthal, Felix Salten, Richard Beer-Hofmann, den Kritikern Hermann Bahr und Karl Kraus, dessen uneingeschränkter Anerkennung sich Schnitzler jedoch nicht durchgängig versichern konnte. Ein Generalvertrag über das Recht auf den Erstdruck aller seiner Werke mit dem Frankfurter Verleger Samuel Fischer von 1895 zeigt ebenfalls an, dass er als Autor allgemeine Anerkennung gefunden hatte.

Schnitzlers literarische Anerkennung

Die außergewöhnliche Theater- und Kunstbegeisterung des Wiener Bürgertums kam dem Autor entgegen. Das Theater galt als Bildungsstätte des Bürgertums schlechthin. Der Kunstkonsum zog Kunstmäzene und Kunstsammler an. Künstler genossen ein Höchstmaß an Ansehen, Schauspieler waren die bekanntesten und am meisten bewunderten Persönlichkeiten der Gesellschaft.

Das Wiener Bürgertum

Die fortschreitende Industrialisierung brachte Unternehmern und Bankiers große Gewinne. Deren wachsendes Kapital ermöglichte den Bau von Kunsttempeln, die als Bildungsanstalten angesehen wurden. Symphonieorchester wurden gegründet und füllten die Konzertsäle, Kunstsammlungen wurden in Museen zusammengetragen und ermöglichten einem breiteren Publikum Teilhabe an Kultur und Kunst.

Friedrich Engels beurteilte nach einer Reise durch Österreich 1893 die politischen Verhältnisse dort als indifferent und stagnierend, gelegentlich gestört durch die Nationalitätskämpfe und durch die Entwicklung des Verbands mit Ungarn. Im Bewusstsein des Habsburger Kaiserreichs waren die Auseinandersetzungen mit Ungarn jedoch mit der Konstitution seit 1867 beigelegt. Die Nationalitätenfrage im Vielvölkerstaat stellte sich nicht, da sie weder in der Verfassung noch im offiziellen Bewusstsein verankert war.

Das liberal denkende kaisertreue Bürgertum gründete sein Selbstbewusstsein eher auf Geschmack als auf Politik, in der seit den achtziger Jahren aggressivere nationalistische Töne angeschlagen wurden. Die Partei der Liberalen wurde durch die kleinbürgerliche Christlich-Soziale und die Deutschnationale Partei ins parteipolitische Abseits gedrängt. Die Wahl des antisemitisch gesinnten Karl Lueger zum Bürgermeister von Wien 1897 zeigt den bedenklichen Vormarsch der Ideologen und hätte Signalwirkung haben müssen. Alles in allem aber war das liberale Bürgertum Wiens nicht zu politisieren. Es wartete auf mit seinen hervorstechenden Eigenschaften wie Fleiß, Sparsamkeit und Selbstbeherrschung. Dreh- und Angelpunkt des bürgerlichen Lebens war die Privatsphäre, ihr Zentrum die Familie, in der die Rollen patriarchalisch fixiert waren. Der Mann war der Repräsentant nach außen, die Zuständigkeit der Frau beschränkte sich auf die häuslichen Aufgaben: die Organisation des Haushalts, den Umgang mit dem Dienstpersonal, die Versorgung und Erziehung der Kinder im Sinne eines religiösen oder weltlichen Humanismus. Frauen hatten in öffentlichen Angelegenheiten keine Stimme, das Gefühl ersetzte ihnen nach überkommener Meinung den Intellekt. Zwar gab es Gruppierungen, die zögerliche Versuche machten, den Frauen mehr Rechte zu

Antisemitismus in Österreich

Die Rolle der Frau

erkämpfen, doch bis zur allgemeinen rechtlichen Gleichstellung von Mann und Frau sollten noch Jahrzehnte vergehen.

Arthur Schnitzlers Einstellung unterschied sich in diesem Punkt nicht von der der Allgemeinheit. Seine »süßen Mädels« nannte er reizend und schön, aber dumm. »Und Geist?«, fragt er mit Bezug auf eine Liebhaberin namens Anni: »Natürlich keinen. Dafür echten Mutterwitz – freilich nicht mehr – Aber – ich küsse ja nicht ihren Verstand.«[3]

Auf die bürgerliche Tugend der Sparsamkeit konnte Schnitzler sich nicht berufen. Als unaufhörlicher Produzent von Literatur konnte er in guten Zeiten über Honorare und Tantiemen für seine Theaterstücke, Romane und Erzählungen ein ansehnlich hohes Jahreseinkommen von durchschnittlich 3000 Kronen erzielen. Gleichwohl befand er sich wiederholt in Geldnöten. 1910 kaufte er die Villa Sternwartestraße 71 in Wien, die er bis zu seinem Tod 1931 bewohnte. Anlässlich des Hauskaufs wurde Schnitzler in der nationalistisch ausgerichteten *Warnsdorfer Zeitung* am 21. Februar 1924 mit Blick auf seine bevorzugte Thematik als »Schweineliterat« bezeichnet.

Als eher unpolitischer Mensch verurteilte Schnitzler jede Art von Aggression, egal ob im Krieg oder im Duell. *Lieutenant Gustl*, erschienen 1900, ist eine ätzende Satire auf den Ehrenkodex des k.u.k. Offizierskorps. Der Text ist das erste deutsche Beispiel für den konsequent verwendeten inneren Monolog. Die willkürlich anmutende Folge von disparaten Assoziationen ist durchsetzt mit Schlagworten, die das aggressive Kastendenken des unheldischen Protagonisten offenbaren. Allein durch das sich selbst darstellende Bewusstsein wird die Welt Gustls der Lächerlichkeit preisgegeben. Die Satire

7. AUTOR UND ZEIT 51

brachte ihrem Autor denn auch die juristische Aberkennung seines Offiziersrangs ein.

Als Zeitgenosse und Kenner der Psychoanalyse Sigmund Freuds hat Schnitzler in seinem literarischen Werk die psychische Deskription und die diagnostische Analyse zum künstlerischen Prinzip erhoben, die Aufspaltung in ein erlebendes und ein analysierendes Ich. Während Freud den Traum als einzigen Weg zum Unterbewussten sieht, eröffnet für Schnitzler bereits das mittlere Bewusstsein zwischen dem Ich-Bewusstsein und dem Unterbewussten Zugang zu den unbewusst-geheimen Wünschen einer nicht domestizierbaren Triebwelt. Indem in ihm unbewusste, im Verborgenen bestehende Wünsche, erotische Neigungen und verdrängte Eifersucht ans Licht treten, kommt ihm der gleiche Realitätsgehalt wie der Wirklichkeit zu. Als ›Psychoanalytiker der Literatur‹ steht er Sigmund Freud nahe, dessen Psychoanalyse sich um die Aufhellung der dem Individuum nicht bewussten Bedeutung von Handlungen, Träumen, Gedanken, Vorstellungen und Äußerungen bemüht. Um seelische Konflikte zu lösen, müssen die ins Unterbewusstsein verdrängten Ursachen aufgespürt und ins Bewusstsein gehoben werden. Oft wird die bürgerliche Ehe als Hort der sexuellen Trieb- und Konfliktunterdrückung für die Verdrängung verantwortlich gemacht, eine Vielzahl von Gewissenskonflikten beschworen, die sich zu Krankheitssymptomen auswachsen. Freud geht es um die Sublimierung der Triebe, um ihre soziale Umwandlung, um ihre Mäßigung und Kontrolle im Zusammenhang mit einer zeitigen Sexualaufklärung der Kinder.

> Psychoanalyse bei Schnitzler und Freud

7. AUTOR UND ZEIT

Wie Freud in seiner Arbeit als theoretischer und praktischer Erforscher der Seele gegen die Verdrängung arbeitet, so zeigt Schnitzler in seinem literarischen Werk immer wieder ein unverhohlenes Interesse am bürgerlichen Sexus und seiner Spielart der Untreue. Ihm genügte es, mit seinen Stücken und Geschichten wie mit seinen Tagebüchern mit dem Ziel der Selbsterkenntnis auf den Grund seiner eigenen Seele zu blicken. Sigmund Freud schreibt ihm zu seinem 60. Geburtstag, dass er Schnitzler aus einer Art von Doppelgängerscheu heraus gemieden habe und dass er immer wieder, wenn er sich in Schnitzlers Werk vertieft habe, die den eigenen Voraussetzungen entsprechenden Interessen und Ergebnisse zu erkennen geglaubt habe. Er sieht in Schnitzler einen psychologischen Tiefenforscher.[4]

Schnitzler als psychologischer Tiefenforscher

Auch noch im 20. Jahrhundert entnahm Schnitzler seine Stoffe der Wiener Gesellschaft des 19. Jahrhunderts und blieb seiner Thematik der Darstellung gesellschaftlich fortbestehender Widersprüche ohne Rücksicht auf geltende Konventionen und Tabus wie der Intimität der bürgerlichen Sexualmoral treu. Er beschwor Tumulte, Theaterskandale und Aufführungsverbote herauf. Nach der Berliner Aufführung seiner zynischen Komödie *Reigen* machte man ihm 1921 den Prozess wegen Zersetzung der Volksmoral. 1896/97 entstanden, wurde *Reigen* von Schnitzler lange zurückgehalten und zunächst nur durch Privatdruck einem Kreis von Freunden zugänglich gemacht. Die späteren Aufführungen lösten durch den Bruch eines absoluten Tabus einen Kulturschock aus.

Fortsetzung und Höhepunkt der bürgerlichen Tabubrüche

Arthur Schnitzler (1923)

Den Liebesreigen formieren zehn Paare in zehn Dialogen, die, mit Ausnahme des letzten, zur Hälfte vor und zur anderen Hälfte nach der geschlechtlichen Vereinigung der Paare geführt werden. Im Personal des Stückes, von der Dirne über die verheiratete Frau bis zum Grafen, sind alle Stände vertreten. In der Klimax des Eros, auf den es allen ankommt, schwinden jedoch die Unterschiede der gesellschaftlichen Stellung. Dem Ritual der Annäherung folgt die Hingabe und schließlich die Ernüchterung und Kälte, wenn der Rausch verflogen ist. In den Dialogen entlarvt Schnitzler die phrasenhafte Bemäntelung platter Lüsternheit, die unterschiedslos allen eigen ist.

Das 20. Jahrhundert überzog Europa mit Krieg. Schnitzler verabschiedet sich nach dem Ende des Ersten Weltkriegs leichten Herzens von der alten Staatsform der Monarchie. 1915 notiert er, dass man ernsthaft versuchen müsse, eine neue Epoche einzuleiten, dass die Demokratie ihren Weg bis zum endgültigen Sieg über den Absolutismus zu gehen habe.

Schnitzler im Jahrhundert der Demokratie

Es dauerte mehrere Jahre, bis seine literarische Produktion an das Niveau der Vorkriegsdichtung anknüpfen konnte. Die Erzählung *Fräulein Else* (1924) zeigt in der Dominanz des inneren Monologs literarische Nähe zu *Lieutenant Gustl*, die Protagonistin Else aber gehört in die Nachkriegsgeneration, die durch ökonomische Unsicherheit und Orientierungslosigkeit geprägt ist.

Arthur Schnitzler starb am 21. Oktober 1931 in seinem Haus an einer Gehirnblutung. Terror und Chaos der Naziherrschaft sind ihm erspart geblieben, Opfer der öffentlichen Bücherverbrennung durch die Nazis wurde er dennoch.

8. Rezeption

Mit Blick auf die umfangreiche Darstellung der Rezeption zur *Traumnovelle* in Reclams *Erläuterungen und Dokumente* (Universal-Bibliothek, 16054) wird die Darstellung hier auf wenige Texte beschränkt. Berücksichtigt wird die maßgebliche Interpretation von Hans-Joachim Schrimpf (1963), die Interpretation von Hee-Ju Kim (2007) und der Film *Eyes Wide Shut*. Ihm wird die Renaissance der Novelle als Schullektüre zugeschrieben.

Schrimpf kennzeichnet die Grundthematik Schnitzlers als Traum und Schicksal, als imaginative Erfahrung und Existenzverwirklichung. Für seine Interpretation zieht er geeignete Beispiele aus Schnitzlers Werk als weitere Belege für seine These heran. Für ihn besteht der Handlungsentwurf der *Traumnovelle* in der Entfremdung eines sich in scheinbar gesicherter Liebe und Treue ergebenen Ehepaares durch die Ahnung dunkler, unrealisierter Möglichkeiten. Die wachsende Fremdheit resultiert aus dem Rückzug vom Wirklichen auf das unrealisiert Mögliche. Innerhalb der kurzen Zeitspanne von wenig mehr als vierundzwanzig Stunden tragen sich die Ereignisse zu, für Albertine im Traum und für Fridolin in sich stetig steigernden Situationen vor dem Hintergrund ungeheurer, grenzenloser Möglichkeiten. Sie konfrontieren die Protagonisten mit den Tiefen ihres ihnen unbewussten sexuellen Triebverhaltens. Der Höhepunkt der Entfremdung zwischen den Ehegatten ist die Mitteilung von Albertines Traum. Von hier aus führen die Begebenheiten des folgenden Tages stufenweise wieder hinab, wie in einer fortschreitenden Zurücknahme der surrealistischen Ausschwei-

> *Interpretation*

fungen der vergangenen Nacht. Am Ende des Wegs verwischen sich die Züge der unbekannten Toten im Leichenschauhaus mit denen Albertines. Fridolin erlebt Fremdes im gegenwärtig Wirklichen, aber seine Abenteuer brechen vor der Verwirklichung ab. Albertine hingegen erfährt gegenwärtig Reales in der Fremde des Traums. Das Mögliche ist bei ihr in der Imagination verwirklicht. Er ist den Lockungen real gefolgt, aber sie hat träumend verwirklicht, was er wollte.

Für Hee-Ju Kim ist der Interpretationsansatz, der die Protagonisten nach Durchlaufen der Traum- und Abenteuerwelt auf eine höhere, gefestigtere Stufe ihrer Ehe hebt, wenig überzeugend. Sie sieht die unverändert anhaltende Brüchigkeit der erotischen Beziehungen, weil die institutionelle Verankerung in der Ehe kein Garant für innere Stabilität zu sein vermag. Ehe sei ein untaugliches Forum für sexuelle Trieberfüllung. Folgerichtig ersetze daher am Schluss der Novelle das familiäre Loyalitätsideal die Liebe. Das nach dem Ball so intensiv wie lange nicht mehr erlebte Liebesglück mache aufmerksam auf die Defizite der Ehe.

Ihre Urlaubsgeständnisse ebenso wie Albertines versagte erotische Traumvorstellung vom Vorabend ihrer Verlobung, wo ihr Verlangen nach äußerster Hingabe aufgrund bestehender bürgerlicher Konvention unerfüllt blieb, verdeutlichen ihr Wissen um die eigenen Triebwünsche. Das Geständnis allerdings verletze Fridolins Selbstbild seiner Männlichkeit so sehr, dass ihm ein leidenschaftlich vollzogener Ehebruch als Garant für die glückliche Rückkehr in die Ehe erscheine. Doch die außereheliche Liebeserfüllung, für ihn eine Mutprobe, bleibe ihm versagt. Vielmehr führten ihm seine Erlebnisse die eigenen Beschädigungen vor Augen. Er vermag sich nicht aus seiner bürgerlichen Existenz zu lösen, selbst die Frau, die sich in der geheimen Gesellschaft für ihn zu opfern bereit war, statte er mit dem Gesicht seiner Frau aus. Letztlich bringe die Rückkehr in die geläufigen Bahnen ehelichen Lebens das Faszinosum unangepasster Sexualität vollends zum Erlöschen.

Demgegenüber verspricht Albertines Traum auf den ersten Blick Freiheit und Gelöstheit aus allen Zwängen, doch auch sie verharrt unterschwellig in den Bahnen der gewohnten weiblichen Unterwerfung unter die Wünsche des Mannes. Die Gewissheit, dass Fridolin bereit ist, sein Leben für die Treue zur Gattin hinzugeben, unterstreicht den Zwiespalt zwischen den weiblichen Rollen als Ehefrau und Frau mit individuellen Triebwünschen. Die Realitäts- und Traumerlebnisse verstärken das beiderseitige Bedürfnis nach sozialer Sicherheit. Die auf Treue gerichtete Erotik zeigt am Schluss durch Albertines Wunsch, niemals in die Zukunft zu fragen, ihre Fragwürdigkeit und Brüchigkeit.

Der Film *Eyes Wide Shut* ist ein Spätwerk des Regisseurs Stanley Kubrick (1928–1999). Die Handlungsstränge der nächtlichen Odyssee Bills und der Traumerlebnisse von Alice sind insgesamt beibehalten. Ihr Traum spart allerdings die Hinrichtung ihres Ehemanns aus, und was im Novellentraum zur lustvollen Trieborgie gerät, wird im Film zu einem tränenreichen, schamhaften Geständnis.

> Verfilmung von Stanley Kubrick

Die im Film vorgenommene Aufklärung der Hintergründe des Geschehens in der geheimen Gesellschaft kehren die Handlungsmotive vom Inneren in die Veräußerlichung. Die Opferszene der Frau, einer Prostituierten, wird zur Farce. Sie dient der Auslösung von Angst, um das Schweigen des Eindringlings zu erkaufen. Die Novellenhandlung dient letztlich als Vorlage für publikumswirksame Szenen, in der die Bilder die Symbolsprache überdecken und das zentrale Anliegen, der Problematik der unbewussten Triebschichten nachzuspüren und sie ins Bewusstsein zu heben, verloren ist. Als Motivation für die nächtlichen Abenteuer in der weihnachtlichen Glitzerwelt der Großstadt New York bleibt schließlich nur verletzte männliche Eitelkeit übrig.

9. Checkliste

1. Stellen Sie dar, inwiefern persönliche Erfahrungen Arthur Schnitzlers im Thema der Novelle ihren Niederschlag gefunden haben.
2. Formulieren Sie das Ziel, das der Autor mit seinem Werk verfolgt.
3. Stellen Sie die Handlungsstränge dar, die für den Verlauf der Novelle entscheidend sind, und verbinden Sie Ihre Darstellungen mit dem ursprünglichen Arbeitstitel »Doppelnovelle«.
4. Setzen Sie sich mit dem Personal der Novelle auseinander und diskutieren Sie sowohl die Funktion der Protagonisten Albertine und Fridolin als auch die der Nebenpersonen.
5. Gehen Sie auf den jungen Dänen in Albertines Traum ein und stellen Sie seine Funktion für den Konflikt dar, in dem sich Albertine befindet.
6. Begründen Sie, warum Schnitzler auf einen geschlossenen Rahmenbau, in dem das Ende zum Anfang zurückkehrt, verzichtet.
7. Bewerten Sie durch Vergleich der Gemeinsamkeiten und Unterschiede zwischen dem Anfang und dem Ende der Novelle die Rahmenstruktur.
8. Diskutieren Sie die Aussagen der beiden Protagonisten am Schluss der Novelle in Bezug auf ihre gemeinsame Zukunft.
9. Bewerten Sie die Aussage Fridolins »Und kein Traum [...] ist völlig Traum« (97,7) unter dem Aspekt von Schnitzlers Traumanalyse.
10. Stellen Sie novellentypische Merkmale zusammen.

9. CHECKLISTE

11. Wenden Sie die novellentypischen Merkmale auf die *Traumnovelle* an und zeigen Sie Besonderheiten in der Verwendung durch Schnitzler auf.
12. Stellen Sie Belege zusammen, die den Handlungsverlauf als Prozess innerer Abläufe skizzieren.
13. Sprechen Sie über die Bedeutung der Tageszeiten für den Verlauf der äußeren und inneren Abläufe der Handlung.
14. Stellen Sie die unterschiedlichen Arten der Personenreden heraus.
15. Ordnen Sie die Art der Personenreden der jeweiligen Situation zu und gehen Sie auf die Bedeutung des Eingangsdialogs für den Ehekonflikt ein.
16. Zeigen Sie die im Text verwendeten Symbole auf.
17. Gehen Sie auf die symbolische Bedeutung des Be- und Entkleidens ein.
18. Sprechen Sie über die Bedeutung der Jahres- und Tageszeiten im Verlauf der Novelle.
19. Verfolgen Sie den symbolischen Gebrauch von »hell« und »dunkel« im Handlungsverlauf.
20. Setzen Sie sich mit der Polarität von Eros und Thanatos, Lieben und Sterben in der Novelle auseinander, indem Sie Textbelege für die Nähe von Lieben und Sterben zusammenstellen und deren Funktion in Bezug auf die Protagonisten herausarbeiten.
21. Vergleichen Sie das Triebverhalten der Hauptpersonen miteinander. Sprechen Sie über die unterschiedlichen Wirkweisen im Traum und in der Wirklichkeit.
22. Diskutieren Sie über einen Zusammenhang zwischen dem Ehealltag der Protagonisten und der Unterdrückung von Triebwünschen.

23. Reflektieren Sie über Albertines Umgang mit dem Begriff der »Treue« in ihrem Traum.
24. Stellen Sie den Schluss der Novelle dar und begründen Sie, inwiefern er als Lernprozess der Protagonisten und als Prozess persönlicher Reifung aufgefasst werden kann.
25. Überlegen und begründen Sie, ob für Sie *Traumnovelle* eine Novelle mit glücklichem Ausgang darstellt.
26. Stellen Sie Zusammenhänge zwischen dem Leben und einzelnen Werken des Autors her.
27. Versuchen Sie, Gründe für die Einschätzung Arthur Schnitzlers als ›literarischer Psychoanalytiker‹ zu finden.

10. Lektüretipps

Textausgaben

Arthur Schnitzler: Traumnovelle und andere Erzählungen. In: Gesammelte Werke in Einzelausgaben. Das erzählerische Werk. Bd. 6. Frankfurt a. M.: Fischer Taschenbuchverlag, 1981.

Arthur Schnitzler: Traumnovelle. Stuttgart: Reclam, 2006. (Universal-Bibliothek. 18455.) – *Nach dieser Ausgabe wird zitiert.*

Erläuterungen und Dokumente

Heizmann, Bertold: Erläuterungen und Dokumente: Arthur Schnitzler: *Traumnovelle*. Stuttgart 2006. (Reclams Universal-Bibliothek. 16054.) – *Mit weiteren Informationen und ausführlichen Worterklärungen.*

Zum Nachschlagen von Sachbegriffen

Wilpert, Gero von: Sachwörterbuch der Literatur. 8., verb. und erw. Aufl. Stuttgart 2001.

Zur Einführung in die Gattung

Freund, Winfried: Einleitung »... und ob es eine Tat war oder nur ein Ereignis ...«. Ein Versuch über die Novelle. In: W. F. (Hrsg.): Deutsche Novellen. München 1993. (UTB. 1753.) S. 7–13.

– Theorie der Novelle. In: W. F.: Novelle. Stuttgart 1998. (Reclams Universal-Bibliothek. 17607.) S. 9–63.

Krämer, Herbert (Hrsg.): Theorie der Novelle. Stuttgart 1976 [u. ö.]. (Reclams Universal-Bibliothek. 9524.)

Zur literaturwissenschaftlichen Interpretation von *Traumnovelle*

Kim, Hee-Ju: *Traumnovelle*. Maskeraden der Lust. In: Interpretationen: Arthur Schnitzler: Dramen und Erzählungen. Stuttgart 2007. (Reclams Universal-Bibliothek. 1753.) S. 209–229.

Lukas, Wolfgang: Das Selbst und das Fremde. Epochale Lebenskrisen und ihre Lösungen im Werk Arthur Schnitzlers. München 1996.

Rey, William H.: Arthur Schnitzler. Die späte Prosa als Gipfel seines Schaffens. Berlin 1968.

Schrimpf, Hans-Joachim: Arthur Schnitzlers *Traumnovelle*. In: Zeitschrift für deutsche Philologie 82 (1963) H. 2. S. 184 f.

Swales, Martin: Arthur Schnitzler. A Critical Study. Oxford 1971.

Zu Arthur Schnitzler

Gay, Peter: Das Zeitalter des Doktor Arthur Schnitzler. Innenansichten des 19. Jahrhunderts. Frankfurt a. M. 2002.

Scheible, Hartmut: Arthur Schnitzler. Reinbek b. Hamburg ¹⁴2007.

Film

Eyes Wide Shut. (GB/USA 1999). Regie: Stanley Kubrick. Mit Nicole Kidman und Tom Cruise.

Anmerkungen

1 Arthur Schnitzler, *Tagebuch II* (4. April 1896), zit. nach: Peter Gay, *Das Zeitalter des Doktor Arthur Schnitzler. Innenansichten des 19. Jahrhunderts*, Frankfurt a. M. 2002, S. 349.
2 Zit. nach: P. Gay (Anm. 1), S. 98.
3 Arthur Schnitzler, *Tagebuch* (26. März 1883), zit. nach: Hartmut Scheible, *Arthur Schnitzler*, Reinbek b. Hamburg [14]2007, S. 26.
4 Vgl. den Brief Sigmund Freuds an Arthur Schnitzler zu dessen 60. Geburtstag am 15. Mai 1922, in: H. Scheible (Anm. 3), S. 143f.